LEBENSHILFE

Sigrid Steinbrecher

Funkstille in der Liebe

Warum Männer und Frauen aneinander vorbeilieben

Wilhelm Heyne Verlag
München

HEYNE LEBENSHILFE
Band 17/97

Wilhelm Heyne Verlag GmbH & Co. KG, München
Printed in Germany 1993
Umschlagillustration: Michael Shumate/The Image Bank, München
Umschlaggestaltung: Christian Diener, München
Satz: Kort Satz GmbH, München
Druck und Bindung: Presse-Druck Augsburg

ISBN 3-453-06102-0

Für Sebastian

Inhalt

Endzeitstimmung in der Liebe?

In der Liebe entscheidet sich die Zukunft unserer Welt – deshalb wagte ich den Versuch, die Liebesbeziehung im Patriarchat genauer zu analysieren. Ich wagte auch da weiter zu denken, Konsequenzen zu formulieren, wo im Patriarchat das Denken für eine Frau eigentlich aufzuhören hat.

Der Mann ist gut, auf jeden Fall hat er immer gute Absichten. Das ist ein ehernes und rigoroses Gesetz einer männlichen Kultur. Es anzuzweifeln bedeutet für eine Frau die Verbannung aus der männlichen Welt.

Gemeinsam mit Männern und Frauen entdeckte ich den modernen Macho, der Liebe verspricht und sich zurückzieht, wenn die Frau zur Liebe bereit ist.

Ich traf auf die emanzipierte Frau, die in der Liebe stets alles versteht und alles verzeiht. Für Frauen waren meine Thesen, das Konzept des modernen Machos, immer sofort verständlich. Sie fühlten, was ich meine, sie wußten, wovon ich spreche. Bei Männern dagegen stieß ich auf erbitterten Widerstand. Ihre Empfindsamkeit wollte mich immer wieder hinter die Schranken des Erlaubten weisen. Dabei habe ich die Erfahrung gemacht, wie hartnäckig männliche Logik die Realität der Welt sieht und auch dann noch recht hat, wenn bereits alles verloren ist. Mit höflichem Rückzug und beleidigtem Schweigen versuchten Männer mich auf den strapaziösen Weg sprachformaler Spitzfindigkeiten und Haarspalterei zu locken, mich vom Thema abzulenken. Fast war es so – nach männlicher Logik –, daß man über bestimmte Themen nicht schreiben kann, weil es die Grammatik nicht erlaubt. Diese Umwege durch das Lieblingslabyrinth männlicher Überlegenheit waren das eine – das mir Bekannte und Vertraute. Neu war für mich die Erfahrung, daß gerade vor diesem Hintergrund sich die Klarheit und Deutlichkeit weiblicher Logik als richtig und wichtig erwies. – Als Ergebnis vieler gemeinsamer Diskussionen sowie therapeutischer Gespräche und Analysen ist dieses Buch eine Darstellung männlicher und weiblicher Sichtweisen in der Liebe. Es zeigt Wege und Umwege – Möglichkeiten und Unmöglichkeiten. –

Viele Männer in meinem Leben haben mir bei diesem Buch geholfen. Männer, die mir offen und ehrlich ihre geheimen Gefühle schilderten – aber auch Männer, die mir mit ihrer Feindschaft, ohne es zu wollen, den richtigen Weg wiesen. Frauen haben mich mit ihrer Solidarität und Zuneigung ermutigt, dieses Buch zu schreiben, sie haben mitgeholfen, sich immer wieder aufs neue den Strategien männlicher Überlegenheit entgegenzustellen. Ich danke Sigrid Tille, Ursula Giese-Neumann, Dorit Meyr, Udo Loll, Andreas Nogalski, Bernd Palzer und vielen anderen für ihre mutige und engagierte Mitarbeit. Heiko Balhorn danke ich für die kritische Durchsicht des Manuskripts. Insbesondere danke ich allen Teilnehmern des Hamburger Arbeitskreises für Angewandte Individualpsychologie, die mir ermöglichten, ihre Lebensgeschichte hier zu verwenden.

»Bei mir werden alle Menschen Menschen sein, und so werde ich auch ihre Kinder lehren, nicht Puppen, sondern Menschen zu sein.«

»Oh, wie das schön sein wird!«

»Gewiß, doch auch jetzt schon ist es schön, weil das Schöne vorbereitet wird. Diejenigen wenigstens, welche dabei mithelfen, fühlen sich dadurch beglückt ...« (N. G. Tschernyschewski, Was tun?, Petersburg 1863)

Sigrid Steinbrecher
Hamburg, im September 1989

Das verdrängte Wissen

Wir wissen es alle schon lange: Wir leben im Patriarchat – aber haben wir uns auch damit auseinandergesetzt, was das für jeden von uns bedeutet?

Männer und Frauen leben in einer männlich bestimmten Welt, von männlichen Werten dominiert. Wir leben in einer entfremdeten Welt, wo nur der Beste gilt, jeder gegen jeden kämpft – der Mensch wenig zählt. Entsprechend sieht heute unsere gesellschaftliche Organisation aus: Überall tobt der Kampf, die Mächtigen unterdrücken die weniger Mächtigen, wer noch nicht mächtig genug ist, strebt nach mehr Macht. Niemand will unterlegen sein. Also geht der Kampf immer weiter, bis unsere Welt zerstört ist, bis die einzige Welt, die wir haben, vernichtet sein wird. Eine Rückkehr, eine Besinnung auf humane Werte, auf Zusammenarbeit und Gemeinschaft, ist unumgänglich.

Frauen begreifen und erfassen ganz allmählich und in einem schwierigen Bewußtseinsprozeß, daß sie im Patriarchat zu einer minderwertigen Gruppe gehören. Die Individualpsychologie vertritt die Auffassung, daß ausnahmslos jede Frau in einer patriarchalen Gesellschaft ein Minderwertigkeitsgefühl entwickeln muß. Eine Frau gilt a priori weniger als ein Mann. Männer- und Frauenrollen gehen in der männlich orientierten Gesellschaft weit auseinander. Nach wie vor gilt: Der Mann erobert die Welt, die Frau ist für die Gefühle zuständig. Die damit verbundenen Konflikte werden in unserer Gesellschaft nicht aufgearbeitet, so daß Männer und Frauen auf ihre jeweilige Geschlechtsrolle fixiert bleiben.

Für beide ist der Preis sehr hoch. Männer können sich ihren Gefühlen nicht zuwenden, ja es scheint eher, daß die Angst der Männer, in die Falle der Emotionen zu geraten, immer größer wird. Auf der anderen Seite zeigt sich deutlich die Angst der Frauen vor ihrer eigenen Entwicklung, vor ihrer Selbstwerdung und Authentizität. Frauen sind bis zum heutigen Tag in all ihren Lebensäußerungen auf die Zustimmung des Mannes fixiert. Damit unterstützen sie in gefährlicher Weise eine Gesellschaftsstruktur, die gegen sie selbst und gegen die Männer gerichtet ist.

Auch wenn sich eine Frau bereits einen Platz in dieser Welt erobert hat, beruflich erfolgreich ist, bleibt sie abhängig von Zustimmung oder Ablehnung des Mannes. Starke Frauen werden von Männern vielleicht geachtet, aber (noch) nicht geliebt. Frauen fragen sich deshalb nicht ganz zu Unrecht, ob der Preis ihrer Emanzipation nicht das Alleinsein ist. Solange Frau-sein definiert ist durch den Mann – *eine wirkliche Frau muß einen Partner haben* –, bleibt das Dilemma bestehen. Frauen müssen sich nach den Bedingungen richten, die Männer stellen.

In unserer Forschungsarbeit setzen wir uns seit Jahren mit genau diesem Problem auseinander. In einem schwierigen Bewußtseinsprozeß lernen Frauen, ihre Gefühle besser wahrzunehmen und ihre Bedürfnisse zu formulieren. Frauen wagten den Versuch, die Regeln des patriarchalen Systems zu mißachten.

Regel 1: Man darf den Mann nicht kritisieren.

Regel 2: Man muß den Mann schonen.

Das Ergebnis dieses Wagnisses ist verblüffend und auf den ersten Blick ein Widerspruch zu allen männlichen Prinzipien:

»Wir können nicht«, sagen die Männer.

»Ihr wollt nicht«, sagen die Frauen.

Die Aussage ist deutlich und eine Bestätigung des patriarchalen Prinzips. Wenn Frauen darauf bestehen, ihre Meinungen und ihre Gefühle zum Ausdruck zu bringen, auch wenn sie nicht unbedingt »Schonung für den Mann« bedeuten, erhalten sie doch eine klare Absage und werden abgewertet. Frauen verwandeln sich in Männeraugen in Furien, Emanzen, hysterische Weiber. Kein Mann zieht es auch nur in Betracht, die Aussage einer Frau, wenn sie der seinen widerspricht, auf ihren Wahrheitsgehalt oder ihre Richtigkeit hin zu überprüfen.

Eine Absage bleibt eine Absage – auch wenn sie in Schwäche verhüllt, als Unfähigkeit dargestellt und nicht als Willenserklärung formuliert wird.

Wie gehen nun Frauen mit dieser Verweigerung um, wie deuten Frauen diese Absage? Der alte, traditionelle Weg für Frauen ist in ihrer weiblichen Sozialisation vorprogrammiert: Sie verstehen den Mann in seiner Schwäche, schützen ihn mütterlich vor der Überforderung einer Konfrontation und stellen ihre eigenen Bedürfnisse zurück.

Der neue, emanzipierte Weg für die Frau weist in eine andere Richtung. Sie deutet die Schwäche, die Absage des Mannes, psychologisch: als modernen Weg des sich in der Welt machtlos fühlenden Mannes, sich wenigstens einen Machtbereich zu sichern – die Macht über die Frau! Im Kopf des sich machtlos fühlenden Mannes in unserer patriarchalen Kultur spielt sich nämlich folgendes ab: »Ich fühle, daß du, FRAU, mit mir willst, und wenn ich dir eine Absage erteile, dann mußt du dich verändern.«

Der um seine Vormachtstellung unbesorgte Mann baut auf die abhängige Frau, die um jeden Preis mit dem Mann kooperieren will. Damit hat sich zwar die Methode des Mannes verändert, aber nicht sein Ziel. Der früher offen formulierte Machtanspruch über die Frau hat sich heute, am Ende unseres Jahrhunderts, verwandelt in einen verkappten, aber nicht weniger wirksamen Unterdrückungsmechanismus. Die emanzipierte Frau tut gut daran, diese Struktur zu erkennen und das »Ich kann nicht« des Mannes als modernes Macho-Gehabe zu interpretieren. Sie gibt dem Mann nicht mehr die Macht über sich und ihre Gefühle. Sie verweigert den Gehorsam, indem sie seine Aufforderung, ihn zu schonen, mißachtet. Sie entscheidet selbst über sich, und ihre Gleichstellung setzt sie aktiv um, indem sie den Mann als fähigen und veränderbaren Partner einschätzt und behandelt.

Wenn Frauen sich auf diesen Weg machen, suchen sie oft Hilfe in einer klassischen Psychotherapie. In einer männlichen Kultur geraten sie jedoch unversehens vom Regen in die Traufe. Dort, wo sich die Frau Hilfe erhofft, erwartet sie eine Falle. Auch hier wird sie mit männlichem Maß gemessen, ihre Seele nach männlicher Logik geordnet und interpretiert. Sie erfährt, daß ihre Gefühle »krank« und »neurotisch« sind und daß sie sich mehr an die Lebenssituation, das heißt an den Mann, anpassen müsse. Auch der Partner unterstützt die Frau gern in der Einschätzung, daß *sie* die Probleme habe und in die Partnerschaft hineintrage. Der Gedanke, daß ihre Klagen berechtigt und ihre Gefühle sinnvoll sein könnten und daß sie, statt für krank erklärt zu werden, gestärkt und ermutigt werden müßte, widerspricht dem männlichen Prinzip. Die Psychotherapie in einer männlichen Kultur unterstützt das männliche Prinzip. Die »Schwäche der Frau« ist ein Diktum des Mannes. Die männliche Kultur spaltet weibliche Werte von sich ab und schiebt sie disqualifizierend der Frau zu. Die soziale Orientierung der Frau, ihre Fürsorge und Nachgiebigkeit, ihre Anhänglichkeit und Verletzlichkeit sind Eigenschaften, über die sich der Mann verachtend erhebt. Der Mann belächelt sie als »Schwäche« – trotzdem profitiert er von ihnen. Er praktiziert das Prinzip der Ausbeutung.

ER ist Träger der Macht, und darauf kommt es an. Herrschen, Bezwingen, Erdrücken und Unterwerfen sind die Werte, mit denen man im Patriarchat zu Ansehen und Geltung gelangt. Genau diese jahrtausendealte Verherrlichung von Macht und Gewalt hat die Welt an den Rand der Katastrophe geführt.

Die Zeit drängt. Wir brauchen neue Werte so notwendig wie reine Luft zum Atmen. An beider Mangel krankt der heutige Mensch. Aus der täglich gefühlten Not wächst der Drang zur Veränderung, nach einer Umwertung der Werte, hin zu einer menschlichen Welt.

Statt Machtstreben, das in die Katastrophe führt, brauchen wir eine Orientierung, die das Miteinander, das Gemeinschaftsgefühl, die Fähigkeit zu sozialer Kooperation hervorhebt. Diese Werte haben Frauen in der Familie schon immer gelebt. Sie wurden aber vom männlichen Machtstreben dafür lächerlich gemacht. Die kulturell definierte »Schwäche der Frau« muß umgedeutet werden in die Fähigkeit, Gefühle wahrzunehmen, und in die Kraft, die auf das soziale Miteinander verbindend wirkt. Die feministische Psychologie erkennt diese Werte in ihrer kooperativen Bedeutung an. Sie schätzt diese höher ein als männliche Ideale, die an Konkurrenz, Überlegenheit und Herrschaft orientiert sind.

Alleinsein – Preis der Emanzipation?

Das Verhältnis zwischen Mann und Frau ist in Bewegung gekommen. In den wechselseitigen Erwartungen zeigen sich dynamische Veränderungen. Die Ehe als Betriebs- und Versorgungsgemeinschaft erscheint immer mehr Frauen unbefriedigend. Sie sind nicht mehr bereit, den kulturell ererbten Überlegenheitsanspruch des Mannes zu akzeptieren und beanspruchen für sich als Frau eine gleichwertige Position.

Frauen setzen sich zunehmend mit ihrer geschlechtstypischen Sozialisation, mit ihren Werten, die über Jahrtausende von Generation zu Generation weitergegeben wurden, auseinander. Auch sie haben diese Werte von den Eltern als unbewußte Einstellung zum Leben, zum anderen Geschlecht und zu sich selbst übernommen. Diesen starren Rahmen, der ihr Denken, Fühlen, Wollen und Handeln beschränkt, nehmen Frauen wahr, sie fühlen sich beengt und geknebelt – sie brechen aus.

Der erste Schritt zur Veränderung ist die Bestandsaufnahme der zwischenmenschlichen Realität – heute und in der Kindheit. Realität sehen bedeutet: das zu erkennen, was ist, mich selbst als den anzunehmen, der ich bin und war. Verändern kann man nur das, was man weiß, was man mühsam aus dem Dunkel der Seele hervorgeholt und sich bewußtgemacht hat.

Die Gefühle, mit denen sich Mann und Frau heute gegenüberstehen, sind Frustration und Resignation. Immer mehr Menschen ziehen aus ihrer eigenen Lebenserfahrung den Schluß, daß engere Beziehungen zum anderen Geschlecht »aussichtslos« sind. Die Zahl der Singles nimmt zu, die Bedeutung der Sexualität ab. Auch hier greifen immer mehr Menschen zur einsamen Selbsthilfe der Masturbation. Die beziehungslose Distanz zwischen den Geschlechtern wird größer. Für viele sind Arbeit und Karriere ein naheliegendes Kompensationsfeld, um das quälende Alleinsein zu überbrücken. Es herrscht Funkstille in der Liebe. Aber – wollen wir uns damit zufriedengeben?

Frauen klagen in erster Linie über die Distanz ihrer Partner. Männer vermeiden die Beziehung zur Frau und bleiben innerlich in einem sichernden Abstand. Auf jeden Anspruch der

Partnerin, jede Gefühlsäußerung, auf jede Veränderung reagieren sie mit weiterem Rückzug. Um Druck auf die Partnerin ausüben zu können, nutzen sie ein differenziertes Repertoire von Methoden: laute und leise, grobe und feine, polternde und scheinbar schwächliche Attitüden. Alle erfüllen sie ihren Zweck. Der eine Mann schlägt krachend auf den Tisch, während der andere scheinbar so lange nachgibt, bis die Frau irritiert ist und sich nichts mehr zu sagen traut. In jedem Fall weiß sie genau, daß sie ab jetzt zu schweigen hat.

Männer hingegen schildern ihr Gefühl, von den Frauen schlecht behandelt zu werden. Sie suchen die Verwöhnungssituation des kleinen Prinzen, der sich in der Kindheit seines »Krönchens« sicher war. Heute sind sie vornehmlich darum besorgt, dieses Krönchen auf dem Kopf zu behalten und es ins rechte Licht zu rücken. Dabei haben Männer das Gefühl, alles für die Frau zu tun, die trotzdem nie zufriedenzustellen ist. Aus ihrer Situation ziehen Männer das Fazit: Frauen kann man es nicht recht machen.

Die Mann-Frau-Problematik nimmt in der psychologischen Literatur einen breiten Raum ein. So schillernd diese Vielfalt auf den ersten Blick auch scheinen mag, die gezogenen Schlußfolgerungen stehen in dem trostlosen Trend: Es ist aussichtslos!

In der Tat entsteht in der heutigen Situation des Aufbruchs der Frauen ein Dilemma. Je mehr sich Frauen mit ihrer Sozialisation, ihrem Gewordensein auseinandersetzen, je mehr sie sich stärken, desto mehr ziehen sich Männer zurück. Männer spüren den an sie gerichteten Anspruch, daß auch sie sich zu entwickeln haben. Sie ahnen mit seismographischer Genauigkeit den Einbruch in ihren angestammten Machtbereich. Ihre Reaktion heißt: Wehret den Anfängen!

So drohen sie den engagierten Frauen als Preis der Emanzipation das Alleinsein an. Auch in öffentlichen psychologischen Beratungen, etwa im Hamburger Abendblatt vom 21./22. 1. 1989, wird trocken konstatiert: »... daß die mittlerweile gestiegenen Erwartungen an das Leben und das gewachsene Selbstvertrauen der Frauen deren Chancen bei der Partnersuche zusätzlich erschweren.« Der männliche Professor der Psychologie empfiehlt seiner ratsuchenden Klientin weiter, »... sich ... mit den positiven Möglichkeiten des Alleinseins und des Alleinbleibens auseinanderzusetzen«. Durch »Besinnung auf Talente« und »sinnvolle Freizeitbeschäftigungen« werde ihr Leben sicherlich einen neuen Sinn bekommen. Einsames Häkeln soll den Wunsch nach einer gleichwertigen Partnerschaft ersetzen und aufheben.

Sollte die Frustration zwischen Mann und Frau und die Resignation auf beiden Seiten wirklich das letzte Kapitel ihrer Beziehungen sein? Endzeitstimmung in der Liebe?

Unsere Analyse weist die patriarchalen Machtstrukturen bis in die feinsten Verästelungen der Liebesbeziehung nach. Unangetastet hat die verachtende Einstellung zur Frau jede Aufklärung und alle Emanzipationsversuche überdauert. Man merkt es nur nicht mehr so genau. Der Schein hat sich geändert, die Realität nicht. Hinter den Frauenfreunden, die heute wie Pilze aus dem Boden schießen, steht beharrlich der Weiberfeind der alten Tage. Er lugt wie ein Wolf im Schafspelz aus sicherer Distanz hervor, zeigt sich aber in seiner wahren Gestalt nur dann, wenn Gefahr im Anzug ist, das heißt wenn seine Macht bedroht ist. Der Mann gewinnt die Herrschaft nur aus der Herabsetzung; diese aber verschließt ihm den Zugang zur Frau, eine Solidarität mit ihr und damit seine Teilhabe an weiblichen Werten.

Die größte Angst des Mannes in unserer Kultur ist, *kein richtiger Mann* zu sein. Diese Angst des Mannes ist die Säule des Patriarchats. Die männlichen Minderwertigkeitsgefühle setzen die Motivation des Überlegenheitsstrebens und des Kampfgedankens gegen die Frau immer neu in Bewegung und halten die Männer fest im Griff des Männlichkeitswahns. Die Frauen werden ihrerseits durch die Absage des Mannes »Ich kann nicht« im Griff gehalten. Beide Geschlechter sind auf diese Weise in die rigide Klammer der patriarchalen Struktur eingezwängt.

Die Antwort der Frauen in dieser Situation, »Ihr wollt nicht«, ist eine psychologische und befreiende Deutung. Sie ist der Schlüssel zur Veränderung. Sie entlastet die Frauen von der Verantwortung für die Schwäche des Mannes und verweist den Mann auf seine Selbstverantwortung und seine Veränderbarkeit.

Die Zukunft unserer Welt wird davon abhängen, ob Männer sich dieses Schlüssels der Erkenntnis bedienen, ob Männer sich ihrer historischen Aufgabe, Mann zu werden und menschliche

Werte zu entwickeln, bewußt werden oder ob sie sich weiterhin durch den Druck des Männlichkeitsideals in ihrer Persönlichkeit als Mensch knebeln lassen wollen.

Der Mann als Vertreter Gottes auf Erden ist in der Tat eine kuriose, aber immer noch öffentlich vertretene Weltanschauung. Über diesen Anspruch der Männer könnte man lachen, hätte dieser Wahn nicht in der Realität tödliche Auswirkungen. Der Männlichkeitswahn ist die Atmosphäre, in der sich die Rollen von Mann und Frau derart tragisch verwickeln müssen, daß die Liebe zwischen ihnen ohne Chance bleibt.

Die Wahrnehmung und Aufdeckung der *Realität in der Liebesbeziehung,* die Archäologie der Gefühle, ist der Schlüssel zur Veränderung. Dieser wird sorgsam gehütet und bewahrt von den Machthabern unserer männlichen Kultur über ihre Spezialisten für die Seele, der herrschenden Psychologie. Unsere Analyse des modernen Macho entschlüsselt dieses System und eröffnet ein Denken jenseits der gängigen und erlaubten patriarchalen Denkstrukturen.

Erster Teil

Der moderne Macho

Der Schein der Gefühle

Frauen und Männer geben sich heute emanzipiert und verständnisvoll. Unsere moderne Zeit fließt über von emanzipatorischen Attitüden, das Ergebnis ist aber seit Jahrhunderten gleich: Das patriarchale System siegt, die Liebe bleibt aus.

Der neue Mann herrscht durch Schwächegehabe. Er stellt sich der Emanzipation der Frau gerade dadurch in den Weg, daß er sich ihr scheinbar anschließt, Nähe herstellt, aber eben nur scheinbar. In seiner neuen Sensibilität, seinem gutwilligen Verzicht auf klassische Machtattitüden suggeriert er eine Ähnlichkeit mit der Frau und verführt sie um so wirkungsvoller zu einer ihm genehmen, aber traditionellen Liebesbeziehung.

Desungeachtet bleibt er im Innersten von der Liebe unberührt. Der *moderne Macho* überzeugt durch seine Gutmütigkeit. Er gibt freiwillig etwas ab, wonach die ganze Welt strebt: die Macht. In Wirklichkeit verzichtet er lediglich auf den offenen Kampf, die offene Positur der Überlegenheit. Er sagt nicht mehr, er sei überlegen, er fühlt sich überlegen.

Sein Ziel ist die Macht und ihre Sicherung. Seine verständnisheischende Behauptung, er sei beziehungs- oder gar liebesunfähig, ist ein Täuschungsmanöver. Er appelliert damit an die Solidarität der Frau, ohne selbst solidarisch zu sein. Er macht die Frau wehrlos durch die freizügige Offenbarung seiner Schwäche, die er wie eine Fahne vor sich her trägt und an die er doch in Wahrheit selbst nicht glaubt. Wie ein Fels in der Brandung widersteht er so im Grunde allen Anfechtungen der Liebe. Seine Eröffnung zum Liebesreigen schützt ihn für alle Zeit vor jeglichen Ansprüchen und schließt ihn damit zugleich von jeder Möglichkeit einer Veränderung aus.

Die Verheißung des modernen Machos ist Nähe, seine Taktik Offenheit, das Ergebnis aber Flucht.

Der maskierte Weg

In diesem Buch untersuchen wir unter neuen Gesichtspunkten die ungleiche Beziehung zwischen Mann und Frau. Es geht uns um einen über bloße Einsicht hinausgehenden praktikablen Weg der konkreten Veränderungsarbeit auf der Grundlage bewußter Auseinandersetzung und aktiver Kooperation zwischen Männern und Frauen.

Dem voraus geht die Erkenntnis, daß der derzeitige »neue Mann« sich selbst, die Frau und seine gesamte Umwelt täuscht, indem er im neuen Gewand von Einsichts- und Schwächebekundungen sein altes Ziel verfolgt, sich mithin als *moderner Macho* entpuppt. In alter Weise selbstgefällig, benutzen die sogenannten »neuen Männer« angelesene Erkenntnisse in der neuen emanzipatorischen Literatur, begeben sich so präpariert in die Auseinandersetzung mit der Frau. Angeblich stellen sie sich dem veränderten Verhalten von Frauen; ihr Bemühen soll den Beweis dafür erbringen, daß sie sich ernsthaft auf eine Veränderung der Verhältnisse zugunsten der Geschlechtergleichheit einzulassen bereit sind. Man könnte meinen, es stehe dem Zustand der Gleichwertigkeit der Frau nichts mehr im Wege.

Tatsächlich, so stellen wir fest, ist das Ergebnis eine Fortsetzung der alten Machtverhältnisse in neuer Form. Der Mann zeigt sich verständnisvoll, gesprächsbereit, nachsichtig, gefühlvoll. Die Attitüde dabei ist jedoch bei genauerem Hinsehen die des nach wie vor Mächtigen, der sich zunächst den äußeren Anforderungen der neuen Situation mit Kalkül unterordnet – um am Ende desto wirkungsvoller wieder auf der Bildfläche zu erscheinen. Der Mächtige gibt eben seine Macht nicht ab. Es liegt das allenthalben – in Politik, Wirtschaft und öffentlichem Leben – hinreichend bekannte typisch männliche Verhaltensmuster vor: Entsteht durch beliebige Umstände eine Drucksituation und eine Gefährdung der Position, so weiß sich der Mächtige zu arrangieren, indem er Gesten oder auch Taten des Zugeständnisses folgen läßt, um auf schnellstem Wege zurück zu den vertrauten und Sicherheit versprechenden Machtverhältnissen zu gelangen.

Männer und Frauen sind geneigt zu übersehen, daß die Sicherung der männlichen Macht auch heute noch die Realität der Liebesbeziehung bestimmt. Bei nur vordergründiger Bereitschaft von seiten der Männer gilt nach wie vor der alte Rahmen patriarchaler Gefühlsreglements. Hat der Mann traditioneller Prägung die Autonomie der weiblichen Persönlichkeit von vornherein unterbunden, eine mögliche Auflehnung im Keim erstickt, so gibt sich der »neue Mann« zunächst aufgeschlossen und konziliant. In dem Gefühl, mit der von ihm signalisierten emotionalen Offenheit eine anerkennenswerte Vorgabe geleistet zu haben, spekuliert er jetzt auf die Entschädigung in Form liebevoll-nachgiebiger Milde auf seiten der Frau. Die erwartungsvollen Augen des Mannes nach vollbrachter Arbeit im gemeinsamen Haushalt sind ein banal erscheinendes, aber exakt in diesen psychischen Rahmen passendes Phänomen.

Das alte Drucksystem erweist sich bis jetzt als alle Bemühungen und Kämpfe der Frauen hartnäckig überdauernd. Frauen ihrerseits sind anfällig für derartige männliche »Schwachheiten« und geben meist – wenn auch zunächst unbewußt – nach. Der Mann hat sein altes Ziel, der Nabel der Beziehung zu sein, neu entdeckt – von daher mag man ihn den »neuen Mann« nennen. In Wirklichkeit ginge es für ihn darum, die Frau neu zu entdecken und die alten eigenen Machtinteressen auch für sich selbst als menschliches Defizit zu erkennen; zu erkennen, daß ein Eingehen auf die Gleichwertigkeit der Frau nicht Verlust, sondern Gewinn bedeutet. In der Tat wird diese Grunderkenntnis weltweit verkündet und diskutiert. So konstatieren durchaus auch männliche Fachautoren, daß der Mann selbst unter dem Patriarchat leide, daß es auf eine beidseitige Humanisierung in der Geschlechterbeziehung ankomme, welche beiden zu menschlichem Profit gereichen soll. Jedoch verbleiben solcherlei Einsichten bislang auf dem Niveau theoretisch-rationaler – also wiederum »männlicher« – Erörterungen. Sofern Männer das ungewohnte Ansinnen der Frauen nicht nach alter Manier mit offenem Widerstand beantworten, geht der eigentliche emotionale Aufwand doch auch nur so weit, den Frauen und aller Welt zu bekunden, wie überaus schwierig die neue Situation für den Mann ist und welche Leiden die fortschreitende Entmännlichung für ihn bereithält (vgl. Walter Hollstein)[1]. Wir meinen, es kann ein Weg gegangen werden, der herausführt aus der – zumindest latenten – Haltung, die Frau für männliche Schwächen und Defizite im sozialen Verhalten um Nachsicht und Schonraum zu bitten – oder gar, sie unterschwellig dafür verantwortlich zu machen.

Sowohl im privaten wie im öffentlichen und publizistischen Bereich ist der gefühlsmäßige Tenor eher durch Resignation und Selbstmitleid gekennzeichnet als durch die erforderliche konstruktive Zuversicht und Entschlossenheit – Haltungen, die in diesem Zusammenhang von wahrer Männlichkeit zeugen würden. Klagen und Jammern, um es einmal deutlich zu benennen, sind die andere Seite der Medaille eines Drucksystems, welches, wie gehabt, darauf abzielt, die Frau zu bezwingen. Es ist das, was die »neue« männliche Öffentlichkeit im Munde führt, was Männergruppen bewegt und was der emanzipatorische Büchermarkt bietet: ein Alibi, mit dem man nach dem alten Muster weiterverfahren kann. Das männlicherseits produzierte Gefühl der Schwäche und gar Unterlegenheit müssen wir so als eine zielgerichtete Attitüde zum Erhalt der bestehenden Machtverhältnisse deuten. Männer tun gut daran, diese neue Version realistisch als einen neuen Winkelzug zu erkennen.

Bekenntnisse eines »Hochstaplers«

Nun ist es natürlich nicht so, daß irgendein Mann sich bereitwillig mit dieser Erkenntnis identifiziert. Wohl ist es die Pose des modernen Macho, jedwede Bereitschaft zu Zu- und Eingeständnissen möglichst unter Zeugen zu erklären. Das Motiv der Macht kann er jedoch nach bestem Gewissen und beim besten Willen nicht bei sich finden. Ständig schwankt er zwischen theoretischen Erklärungen und seiner gelebten Realität hin und her – stets mit diesem Ergebnis:

In meinem Gefühl habe ich recht. Ich zumindest bin kein Macho, sondern ein netter, harmloser Mensch, der – wie andere auch – seine Schwächen hat, der hin und wieder einmal krank wird und der gepflegt werden muß, der im Leben überfordert ist.

Mag es mit dem modernen Macho sein, wie es will, aber ich leide wirklich. Mir geht es wahrhaftig schlecht, und ich kann nicht einsehen, daß ich mit dieser Haltung Druck auf meine Frau ausübe, daß ich Nähe und Distanz in unserer Beziehung bestimme. Ich reagiere doch nur auf die Frau.

Wo – wird sich also insbesondere die Frau fragen – finden wir den modernen Macho, wo ist er zu Hause? Die Antwort ist: Er ist überall und nirgends; er taucht unversehens auf, wenn ihn keiner erwartet. Vor allem dann, wenn es um eine ernsthafte Beziehung mit einer Frau geht, denn der »moderne Macho« ist eher als eine Haltung zu sehen, eine Attitüde, die sich in einer konkreten Beziehung auf die Macht über die Frau ausrichtet. Er ist kein Typ mit äußerlich erkennbaren Merkmalen. Verdächtig ist allerdings der Ausspruch: *»Die Machos – das sind die anderen.«* Denn was er bei sich strikt verleugnet, erkennt er mühelos und mit analytischer Schärfe beim anderen Mann.

Indes, eine plötzlich auftretende gewisse Schmalbrüstigkeit bei einem eigentlich gutgebauten Mann mit normaler Schulterbreite verrät den modernen Macho äußerlich. Jeder, Mann wie Frau, achte auf diese sichtbare Veränderung in der Körperhaltung, die ihre Wirkung nie verfehlt. Ein sonst männlich wirkender, attraktiver Mann sitzt plötzlich leidend und »irgendwie schmal« vor einem und überzeugt eben mit dieser seiner Traurigkeit und Schwäche zwingend von seiner Sicht der Dinge.

Warum tun Männer sich dieses an – verzichten auf ihre Männlichkeit? Nur um ihre Machtposition zu festigen? Schmalbrüstigkeit als Tarnkappe für den tradierten Überlegenheitsanspruch? Eine fast nicht denkbare und doch realistische Deutung! Der moderne Macho lebt nach der Devise *»... doch wie es da drinnen aussieht, geht keinen was an.«* In der Tat kennt er sich oft in seinem eigenen Gefühlsleben selbst nicht aus – und in der Regel will er sich auch nicht auskennen, entspricht doch sein Innenleben in keiner Weise seinen erklärten Absichten und Einsichten.

Geschickt tarnt er seinen eigentlichen Machtanspruch hinter der Positur der Schwäche, wobei er auch vor betont unmännlichen Haltungen nicht zurückschreckt. Es scheint sogar so zu sein, daß mit fortschreitender Emanzipation der Frauen immer mehr Männer sich des weiblichen Prinzips »Herrschen durch Schwäche« bedienen, ja, daß es bei ihnen geradezu in Mode gekommen ist, um die alten Verhältnisse zu wahren. So mutet denn das ehrliche Bekenntnis eines modernen Machos eher an wie das Geständnis eines Hochstaplers.

Heiko ist ein erfolgreicher Musiker von 40 Jahren, der sich aufgeklärt gibt, sich als Freund der Frauen betrachtet und sich auch intensiv mit feministischer Literatur beschäftigt. Er ist seit Jahrzehnten auf der Suche nach einer Frau, mit der er sich eine gleichberechtigte Partnerschaft einrichten möchte. Aber all seine ernsthaften Versuche scheiterten. In seinem Bemühen, den Ursachen für das Mißlingen auf den Grund zu gehen, entstand dieser ehrliche Lebensbericht, der die Entwicklungsgeschichte und die daraus resultierenden Lebensmotive eines modernen Machos aufzeichnet.

Bei meiner Mutter hatte ich die Rolle eines Sorgenkindes. Ich konnte damit besser und erfolgreicher ihre ständige Aufmerksamkeit erreichen. Es gelang mir auf diese Weise, so gut wie allen Anforderungen auszuweichen. Diese verwöhnende und asoziale Erziehung hat schon früh dazu geführt, daß ich zu Auseinandersetzungen mit anderen Kindern keine Lust hatte.

Die Verwöhnung und die ständige Bestätigung durch meine Mutter hinderten mich an einer realen Einschätzung meiner Persönlichkeit. Soziales Interesse, Engagement und Verantwortungsgefühl hatten keinen Wert für mich, da das Lebensziel meines Vaters an erster Stelle stand und ich »einmal so ein großer Mann werden wollte wie er«. Ihn bewunderte ich, er hatte zu Hause die absolute Macht. Während die Mutter sich abplagte, um die Familie zu ernähren, saß er den ganzen Tag ruhig da und befaßte sich mit den wichtigeren Geschäften. Bewundernd stand ich vor den Dingen, die er von seinen Auslandsreisen mitgebracht hatte. Da waren Bilder aus China, Münzen und Wertgegenstände aus aller Herren Länder. Er war für mich der Größte, und ihm wollte ich nachstreben. Leider hatte ich noch einen Bruder, der, aus meiner Sicht, vorgezogen wurde. Ich mußte eine Methode entwickeln, um ihn auszustechen und die erste Position beim über alles geliebten Vater zu bekommen. Dafür eignete sich die Rolle des Sorgenkindes vorzüglich. Der Vater hatte dafür zwar nicht so viel Verständnis, er besuchte mich nach den Operationen im Krankenhaus höchstens einmal, dafür kam die Mutter nach ihrem Dienst fast täglich. Ich durfte mir alles wünschen, was ich wollte. Sie brachte mir aber immer das Falsche; ganz genau hatte ich die Indianer- und Cowboyfiguren beschrieben, aber sie hatte eben keinen Sinn dafür. Immerhin hatte ich so ihre Aufmerksamkeit, und mit meiner »Behinderung« konnte ich jeglichen Anforderungen gut ausweichen. Mein Vater war für mich der Maßstab der Welt. So wie er wollte ich auch werden. Mein Vater lehnte jegliches soziale Engagement ab mit der Begründung: Soziale Einbindung bedeutet Gleichstellung mit anderen Menschen. Er aber war zu etwas Höherem geboren, und niemand war es wert, daß er sich ihm zuwandte. Insgeheim dachte ich wie er. Allerdings mußte ich eine feinere Methode entwickeln, denn meine Mutter schien nicht immer ganz einverstanden mit ihm. Ich fand es ganz natürlich, daß ein Mann zu gut ist für so profane Arbeiten wie Haushalt, Kindererziehung und so weiter. Ich hielt es für selbstverständlich, daß all diese Dinge von meiner Mutter übernommen wurden. Ich fand meinen Vater genial, und da ich nur seinen Ideen nachstrebte, entfernte ich mich immer mehr von der Gemeinschaft.

Der Mangel an Training im Umgang mit anderen hat meine Sicherheit, die Gültigkeit meiner Privatlogik, noch verstärkt. Was noch an Unsicherheit, an Gefühlen übriggeblieben war, versuchte ich durch immer schärfere Anpassung an die Ideale meines Vaters auszugleichen. Größenideen und mutige Taten nahmen in meiner Phantasie immer mehr Raum ein. Hinzu kam, daß ich durch meine künstlerische Begabung eine besondere Position hatte. Ich galt als Genie und konnte als solches folgende Kriterien für mich in Anspruch nehmen:

- *Ich bin das Sorgenkind, besonders empfindsam, und brauche besondere Rücksicht.*
- *Ich bin ein Genie von Natur aus und brauche mich auf die Mühen des Lebens nicht einzustellen.*
- *Ich bin auf Ruhm zu Lebzeiten nicht angewiesen; später wird man mir ein Denkmal setzen.*

Als Mann habe ich somit alle Privilegien der Welt, und ich möchte es keiner Frau raten, sie mir streitig zu machen. Dann setze ich alles ein, was ich gelernt habe, um die Macht zu behalten. Denn Macht ist mein erstes Ziel, und dafür scheue ich auch nicht, sogenannte »unmännliche« Mittel wie Impotenz, Krankheit, Psychosomatik einzusetzen. Mir geht es im Leben nicht um Beziehung zu anderen Menschen und schon gar nicht zu einer Frau, es sei denn, sie gesteht mir alle männlichen Privilegien uneingeschränkt zu. In dieser Gesellschaft stehe ich mit einer Frau an meiner Seite schon besser da, aber sollte die Beziehung sich als zu schwierig erweisen, dann lasse ich sie fallen. Jede Frau sollte wissen, eine gleichwertige Partnerschaft strebe ich nicht an – entgegen meiner erklärten Absicht. Sie würde sich mit meinen Idealen der Männlichkeit nicht vereinbaren lassen.

Die Methode, die ich entwickelt habe und die auch mein Vater schon verfolgt hat, ist gut. Heute bin ich sogar noch besser als er. Daß ich ein üblicher Macho bin, würde ich natürlich nie offen eingestehen. Schließlich möchte ich mich nicht neben andere Männer dieser Art stellen; sofort hätte jede Frau die Möglichkeit, mich beim Wort zu nehmen und sich womöglich mit mir auseinandersetzen wollen – das liegt mir fern. Ich wähle den geschickteren Weg. Da ich ganz verdeckt und von unten komme, kann man mir nie etwas nachweisen, die Frau schon gar nicht. Dafür weise ich sie immer auf ihre Unfähigkeit hin; damit ist sie dann so beschäftigt, daß sie mein Spiel nicht durchschaut. Ich stehe immer als der Gute und Edle da; ich kann die größten Frechheiten sagen, mich verweigern und so weiter, und behaupte schlicht, ich habe das alles nicht so gemeint. In entscheidenden Situationen, wo es eng werden könnte, ich mich Prüfungen oder Auseinandersetzungen stellen müßte, ziehe ich mich einfach zurück. An meine Machtposition lasse ich niemanden heran. Selbst der Preis, niemals eine echte Beziehung zu haben, ist mir nicht zu hoch.

Es liegt auf der Hand, warum ein Mann wie Heiko mit dieser Gefühlsausstattung keine Liebesbeziehung gestalten *kann* und *will.* Diesem Mann kann es nur darum gehen, eine Frau zu haben, und nicht, sie zu lieben. Die von diesem modernen Macho verwendete Methode der scheinbaren Hilflosigkeit und Psychosomatik ist wirksam. Jeder muß zugeben, der unfähige, der leidende Mann in Sachen Liebe ist eine undurchdringliche Mauer. Er schirmt sich ab durch seine Unfähigkeit – er baut eine Distanz auf, die er gleichzeitig verleugnen kann, indem er die Frau auf ihre Unfähigkeit verweist. Nur dem Papier vertraut Heiko unverblümt an, was er wirklich will: Er will die Frau besiegen – Macht ist sein einziges Ziel. Frauen gegenüber spielt er zwar den Frauenfreund, aber er hütet sich weise davor, den »Freund« beweisen zu müssen, dann wird er nämlich krank und unfähig, oder er ist nicht disponiert, je nach Situation und Möglichkeit. Für Frauen ist es nicht einfach, hinter der Maske der Bereitwilligkeit und der wie schicksalhaft erscheinenden Krankheiten und Leiden den Frauenfeind zu erkennen. Die Wahrheit, die dieser Lebensbericht enthält, erfährt sie zumeist erst, wenn die Liebe vorbei ist, die Beziehung sich als zu schwierig erwiesen hat. Dann weiß sie, daß Wahrheit ist, was sie stets fühlte – dann bedauert sie, daß sie ihrem Gefühl nicht traute. Dann ist es jedoch zu spät.

Frauen dürfen der Erkenntnis nicht länger ausweichen, daß es um die Liebesfähigkeit des Mannes in einer patriarchalen

Kultur nicht gut bestellt ist. Er strebt immer nach der Überlegenheit. Unabhängig von der jeweils angewandten Methode gilt für den Mann:

- Im Patriarchat werden Lust und Liebe durch Macht ersetzt.
- Worte sollen Gefühle *überbrücken,* sie jedoch nicht ausdrücken.
- Jedwede Unfähigkeitserklärung des Mannes appelliert an die Solidarität und Hilfsbereitschaft der Frau.

Dieser Bericht gibt einen ersten wahren Einblick in das sorgsam gehütete Innere des modernen Mannes. Es ist das Geheimnis unserer Zeit und wird – vor allen Dingen von Männern – auf das heftigste verteidigt. Die männliche Logik ist klar, das Ziel durchschaubar: Männer behalten die Macht – solange sie ihr Geheimnis hüten. Dieses Geheimnis, das die wahren Motive und die reale Gefühlsausstattung des Mannes enthält, ist, solange es nicht offenbar wird, der Freibrief für ihr Unwesen in der Liebe. Es ist die Grundlage für unsere unmenschliche männliche Kultur.

Erst wenn Frauen mutig genug sind, sich auf die hier beschriebene gefühlsmäßige Realität des Mannes zu beziehen, und sich nicht länger täuschen lassen, hat die Liebe eine Chance. Frauen sollten sich Dostojewski anschließen, der sagte: »Ich will keine Harmonie – aus Liebe zur Menschheit will ich keine«[2]. Gerade wegen und trotz der herrschenden Ideologie, nach der die Frau Vermittlerin des Gefühls, ausgleichendes Wesen ist, sind Frauen aufgefordert, dieses patriarchale Gesetz zu durchbrechen, um unsere Welt menschlicher zu machen und auch Männern zur Liebe zu verhelfen. Denn nur solange Frauen die Täuschungsmanöver der Männer akzeptieren, ja ihnen helfen, indem sie sich täuschen lassen, geben sie dem Mann die Macht. Das Paradoxon unserer Welt bestätigt sich in jeder Liebesbeziehung: Die Frau muß dem Mann helfen, seine Macht zu sichern, gleichzeitig ist an erster Stelle sie die Leidtragende dieses Machtverhältnisses.

Jede Frau sollte sich die Frage stellen, welchen Vorteil sie davon hat, in jeder Minute ihres Lebens das männliche Prestige zu sichern oder gar aufzubauen. Statt sich selbst täuschen zu lassen, sollte sie es dem Mann ermöglichen, Einsicht zu gewinnen in die Trostlosigkeit und Sinnlosigkeit seiner Gefühlsdynamik.

Nur wenn Männer fähig und bereit sind, Mut genug haben, sich der tatsächlichen psychischen Verelendung hinter ihrem Machtstreben bewußt zu werden, können sie ihre viel verkündete Bereitschaft und Fähigkeit, ein guter Liebhaber zu sein, unter Beweis stellen.

Bilanz einer Beziehung

Im folgenden Bericht zieht Mira, eine junge emanzipierte Künstlerin, rückblickend eine Bilanz ihrer Beziehung mit einem modernen Macho. Mit großer Ausdauer und Energie versuchte sie während dieser Zeit, die Distanziertheit ihres Partners zu überwinden. Sie paßte sich an, vergaß teilweise sich selbst, ihr eigenes Leben und ihre eigenen Bedürfnisse. Dennoch hatte sie keinen Erfolg: Eines Tages war ihr Andreas »von der Bildfläche verschwunden«, wie sie sich ausdrückte. Erst im Rückblick war sie fähig, das »Wie« und »Warum« dieser Beziehung zu analysieren.

Andreas ist ein Mann mit absolutem Männlichkeitswahn, der seine Methode so geschickt entwickelt hat, daß eine Frau ihm nicht so schnell auf die Schliche kommt. Äußerlich betrachtet, verkörpert er nicht den Typ des »Machos«, dem Frauen hinterherlaufen, das ist ihm viel zu primitiv. Durch sein verdecktes, immer abwertendes Verhalten gegenüber einer Frau streut er ein Gift, das langsam und schleichend wirkt. Er ist der Biedermann mit der Maske – die Schlange im Paradies. Die Dosierung seiner Injektionen steht im direkten Zusammenhang mit der Sicherung seines Lebensziels – des Machtanspruches. Die Maske nimmt er nur ab, wenn Gefahr droht und er entlarvt werden könnte; dann verdoppelt er sein Gift. Zu den Spielregeln, die er in einer Beziehung ausgibt, gehört eine immer gleiche Distanz. Innerhalb dieses Rahmens gibt er sich auffallend brav, nett und freundlich. Er lehnt typisch männlich offenes Verhalten ab, betont immer wieder seine angepaßte Bravheit, und wenn es nötig ist, schreckt er auch vor eigentlich unmännlichem Verhalten nicht zurück.

Hinter der tarnenden Bravheit steht eine ganze Weltanschauung, die er in jeder Auseinandersetzung mit einem »Ja, aber ...« einleitet. Hinter dem harmlosen »Ja« steht ein Mann, der in seiner Entwicklung bei der Verherrlichung des männlichen Prinzips, der kindlichen Bewunderung des Vaters, stehengeblieben ist. Er sieht die Dinge genauso, wie er sie als Kind wahrgenommen hat. Für die Mutter empfand er nur Gefühle der

Verachtung, für den Vater nur Gefühle der Bewunderung. Da er gefühls- und entwicklungsmäßig stehengeblieben ist, hat er sich nie auf eine reale Beziehung eingelassen. Der einzige Wert, der sich ihm im Leben bietet, ist der, in der fiktiven, aber auch gesellschaftlich sanktionierten sogenannten Männlichkeitsskala oben zu stehen. Nur ein Mann, der sich dort sicher wähnt, setzt jene eher unmännlichen Verhaltensweisen ein; kein Mann würde sonst so weit gehen, sich die eigene Impotenz bescheinigen zu lassen. Allerdings braucht er auch eine Frau, die sein Prinzip anerkennt und diese Spielregeln einhält. So ein Mann braucht viel Tünche und Putz, sonst würde die Fassade abblättern und der Junge, der nie erwachsen geworden ist, zum Vorschein kommen. Nach bewährtem Muster greift der Mann auf die Spielart seiner Kindheit zurück. Schon seine Mutter vergaß alle ihre Argumente und ihre eigenen Bedürfnisse, wenn es um die Krankheit ihres Jungen ging. Und welche Frau wagt es heute schon, Rücksichtnahme und Aufmerksamkeit einem kranken, leidenden Mann abzuverlangen? Die Gefühlseinstellung ist mit dem Männlichkeitswahn nicht mitgewachsen. Deshalb braucht er eine Frau, die ihm die Gefühlsarbeit abnimmt. Ein Gefühl der Zugehörigkeit wird er allerdings nie bekommen, da Gefühle für ihn keinen Wert haben. Dem Mann, dessen einziger Lebensinhalt ein Platz oben in der Männlichkeitsskala ist, steht ein einsames und karges Leben bevor, das er nur wieder aufs neue übertünchen kann, indem er sich mit dem Ideal des einsamen Helden identifiziert.

Die Reise durch den Körper ihres Partners beschreibt, wie Mira dieses Spiel mitspielt und unterstützt.

Die Situation ist folgende: Andreas und ich liegen im Bett; er fängt an, vermeintlich um mich zu werben. Er streichelt meinen Busen und fragt: »Möchtest du schon schlafen?« Ich denke: »Oh, er möchte Sexualität, habe ich Lust?« Sofort fallen mir die letzten Nächte ein, in denen ich immer frustrierter wurde, weil Andreas seine »erektive Dysfunktion« hatte, jammerte und klagte und ich nichts Besseres zu tun hatte, als ihn zu »trösten«. Ich hatte die Erfahrung gemacht, daß unsere »gemeinsame Arbeit« am schlaffen Glied nicht den gewünschten Erfolg brachte.

Aber heute wird es vielleicht anders, denke ich und beschließe, die Dinge auf mich zukommen zu lassen. Ich antworte: »Nein, ich will noch nicht schlafen ...« Die Spannung steigt, mein Puls geht schneller.

Andreas sagt: »Dann können wir ja noch etwas sprechen. Wie ist es dir denn heute so ergangen?« – »Sehr gut«, antworte ich, denn schließlich haben wir uns nach etlichen Trennungen gerade wieder versöhnt, und ich möchte nichts verderben. Pflichtgemäß frage ich ihn: »Und wie ist es dir gegangen?« Er antwortet: »Schlecht, ganz schlecht!« Satt und zufrieden steht Andreas' Antwort im Raum. – Pause. – Ich frage: »Wieso denn?« – »Ja weißt du, ich hatte wieder diese Hodenschmerzen, ich konnte mich kaum noch bewegen und mußte mich doch tatsächlich hinlegen.« Ich habe einige Schwierigkeiten, die Verbindung von einer Erektion zu den Hodenschmerzen herzustellen, und frage vorsichtig. »War's schlimm?« – »Ja«, sagt Andreas wieder sichtlich begeistert und setzt sofort nach: »Der Arzt, bei dem ich zur Zeit in Behandlung bin, diagnostizierte doch tatsächlich Krampfadern, und die muß ich jetzt veröden lassen.« Ehrlich gesagt, Andreas ist ständig bei irgendeinem Arzt in Behandlung.

Ich sehe alle Zärtlichkeit und Sexualität, die wir haben könnten, wieder dahinschwinden, und statt meine aufkommenden Empörungs- und Wutgefühle wahrzunehmen, überlege ich mir krampfhaft, was in dieser Situation wohl »das Richtige« wäre. Ich stelle mich auf ihn ein, womit er sein Ziel erreicht hat. Kurze Zeit später »verliert« er seine Erektion, fängt an zu jammern und erwartet, daß ich ihn mitfühlend tröste. Offensichtlich hatte er überhaupt keine Lust, mit mir zu schlafen, und das Alibi für seine Impotenz untermauert er noch mit psychosomatischen Störungen. Denn wer, bitte schön, will schon etwas zu einem so abgesicherten Alibi sagen? Gegen die Psychosomatik kann keine Frau etwas ausrichten. Außerdem steht er immer gut da; er hat sich ja bemüht, will doch Beziehung, aber Hodenschmerzen sind eben ernst zu nehmen.

Das Thema wird weiter ausgebaut, in den folgenden Tagen und Wochen werden immer dann, wenn die Stimmung ganz schlecht ist, kleine Einwürfe gemacht. So durchwandern wir langsam aber sicher gemeinsam Andreas' Körper. Die nächsten Stationen sind die Därme, die aufgrund einer seltenen Erbkrankheit nicht an ihrem vorschriftsmäßigen Ort liegen. Trotz besten psychologischen Wissens um alle Zusammenhänge zwischen Körper und Seele gibt es in diesem Fall für Andreas keine Hilfe mehr. Schlingen treten ungeordnet ein und aus und behindern die Durchblutung. Schon der Vater hatte dieses seltene Krankheitsbild und mußte sich verschiedenen Operationen unterziehen. Obwohl Andreas eine ganz feste Vorstellung von Ordnung und organischen Zusammenhängen zu haben scheint, versagen dieses Wissen und der Forscherdrang bei ihm selbst. Ein weiterer Arztbesuch wird angekündigt, um die schlimmsten Beschwerden zu lindern.

Beim Mittagessen. Wir treffen uns in einem kleinen italienischen Lokal, und bevor Spaghetti und Cannelloni serviert werden, berichtet Andreas in allen Einzelheiten von seiner Untersuchung und dem Ergebnis. Dieses Mal behandeln wir die Blase. Wozu so eine Blase doch fähig ist, vor allem die von Andreas. Sie nimmt Unmengen von Flüssigkeit auf, ein erstaunliches Organ; es klingt fast, als würde sie den Ausgleich zu den empfindlichen Hoden schaffen. Selbst der Urologe war begeistert. Eine Entzündung ist, obwohl Andreas sie schon länger behandelt, nicht abgeklungen. Andreas fragt: »Spürst du denn nichts, ich meine Geruch oder sonstige Symptome?« Ich forsche im Geiste nach, wann wir denn zuletzt zusammen waren. Das ist ja auch schon etwas länger her. »Also, mir fehlt nichts«, sage ich, »aber vielleicht ist es besser, auch einmal zum Arzt zu gehen.« Da ich selbst früher Blasen- und Nierenbeschwerden hatte, weiß ich eigentlich ganz genau, wie sich so etwas bei mir ankündigt. »Vielleicht hat das auch mit der Sauberkeit zu tun«, sagt Andreas. »Du weißt, ich wurde immer ganz wund, wenn wir zusammen waren.« – Pause. – Ich bekomme Migräne. Meine aufkommende Wut verdränge ich, wieder einmal sehe ich die Sexualität dahinschwinden, denn Andreas nimmt gleich hier am Tisch die Medikamente ein, starke Mittel, die ihn garantiert für die nächste Zeit »außer Gefecht« setzen.

Abends liegen wir zusammen, der Regen prasselt aufs Dach, und ich finde es im Bett richtig gemütlich. Einige Zeit der Ab-

stinenz ist vergangen, die Entzündung, wie ich hoffe, abgeheilt. Ich finde es schön, so zusammenzuliegen. Wir beginnen, uns zu streicheln. Irgendwie nerven mich diese schweren Decken; wieder einmal geht mein Puls schneller, und meine Temperatur steigt. Nur Andreas scheint das nicht zu spüren, er friert ... Obwohl er sich doch extra eine eigene Decke gekauft hat, wird er nie so richtig warm. Beim Streicheln ist immer zu beachten, daß es nirgendwo zieht. Das ist eine wichtige Spielregel im Liebesspiel, er ist so empfindlich und erkältet sich schnell. Ich versuche, mich an alles zu halten; meine einzige Bedingung ist, daß ich die Decke nicht überm Kopf mag. Ich schmiege mich an ihn und wärme seine kalten Füße mit meinen warmen. »Geht's dir gut, ist dir warm?« frage ich ihn. »Ja, schon viel besser, aber ich muß unbedingt etwas gegen meinen Fußpilz tun, der ist wieder schlimmer geworden.« – »Fußpilz?« Ich habe eine starke Abneigung gegen Fußpilz und sehe meine Füße auch schon davon befallen. Natürlich versuche ich, mir wieder nichts anmerken zu lassen, und wir beginnen ein Gespräch über die Entstehung von Fußpilz.

Obwohl dieser Mann ja gerade die Sauberkeit und Ordnung in meiner Wohnung so bemängelte und ihn beim Bettenmachen das Innerste meines Bettes entsetzte, hat er Fußpilz. In seiner Wohnung kann man fast vom Boden essen, jede Tasse wird sofort abgewaschen, und nichts darf herumliegen. Auch seinen Körper pflegt und salbt er jeden Morgen liebevoll; er haßt eine ungeordnete Frisur und kommt stets perfekt gekämmt ins Bett. Wie paßt das zusammen? Jedenfalls ist sicher: Sexualität findet an diesem Abend nicht mehr statt!

Unabhängig von all diesen kleineren »Zwischenfällen« schwebt über uns Andreas' ständiger Husten, der wiederum nur durch ganz starke Medikamente ein wenig gedämpft wird. Ich merke, wie ich im Laufe der Zeit immer vorsichtiger werde, weil ich dieses kurze, trockene »Bellen« wie ein Stimmungsbarometer empfinde. Selbst wenn die Stimmung gut war, wir sogar Sexualität hatten, kommen mir die Zweifel, wenn ich morgens im Bad stehe und mir durch das geöffnete Fenster aus der Küche dieses scharfe Husten entgegenkommt. Dieser Husten beginnt mich zu verfolgen. Er hat eine Signalwirkung, wie wenn Andreas die Bremse zieht: Ich darf ihm nicht zu nahe kommen. Er begibt sich erneut in ärztliche Behandlung. Der Arzt diagnostiziert einen beginnenden Lungenschaden aufgrund des ständigen Hustens sowie beginnendes Asthma und Bronchitis. Dieser Arzt und seine Behandlungsmethode werden von ihm nicht in Frage gestellt, genausowenig stellt er eine Verbindung zur Psychosomatik her.

Mir kommt es fast so vor, als finde eine liebevolle Integration der Krankheit in das Alltagsleben statt. Oft kann er abends nicht kommen, weil er so stark hustet und mich angeblich nicht stören will. Schläft er doch bei mir, stellt er seine Sprays und Medikamente am Bett auf. – Eines Tages ist Andreas von der Bildfläche verschwunden. Ein kleiner Brief, »Entschuldige, ich wollte dir nicht weh tun«, ist das Ende unserer Liebe.

Vor dieser Situation stehen heute viele sich emanzipierende Frauen. Trotz größter Bemühungen und intensivsten Gefühlseinsatzes gelingt ihnen die Liebe nicht. Nach dieser Erfahrung tendieren viele Frauen dazu, sich resigniert mit einem Single-Dasein zufriedenzugeben. Aussichtslosigkeit überfällt sie angesichts der tausendfältigen Methoden, Schwächen, Leiden, Distanzgebaren der heutigen Männer.

Was kann man tun mit einem Mann, der vorgibt zu lieben, dabei aber immer krank ist? Was fängt eine Frau mit einem Hypochonder an, der von einer Krankheit in die nächste wechselt? Die Antwort wird viele verblüffen: Der Hypochonder, der Macho im »neuen Gewand« will im tiefsten nicht in seiner somatischen Reaktion verstanden werden, denn der Hypochonder benutzt seine Leiden,

– um seine Partnerin unter Druck zu setzen und sich den Anforderungen der Liebe zu entziehen;
– um ein vorweisbares, überzeugendes Alibi für seine Unfähigkeit in der Liebe zu haben;
– um seine Distanz – trotz gegenteiliger Bekundungen – bewahren zu können, denn wer krank ist, kann sich nicht zuwenden.

Das sind die Ziele des Hypochonders; die will er erreichen, sonst nichts. Eine Frau, die das nicht versteht, tappt wie Mira in die Falle. Fälschlicherweise verstärkt sie ihre Anpassungs- und Hilfsbereitschaft und entspricht damit nicht den Zielen des Mannes. Sie erfüllt seine Anforderungen nicht. Auf eine subtile Art unterläuft sie sie sogar – und das verstimmt den modernen Macho. Er spürt: Die Frau will ihm näher kommen, als er es wünscht, und zu einem Zeitpunkt, den sie bestimmt. Das verärgert ihn und verstärkt seine Wut und seine somatische Reaktion. Wenn er sich schon auf Nähe einläßt, und manchmal hat er das vor, dann will er zumindest den Zeitpunkt bestimmen.

Was also tun? Die Antwort ist einfach – und würde den Frauen sehr viel Leid ersparen: Eine Frau sollte den somatischen Beschwerden ihres Geliebten keine Aufmerksamkeit widmen, und zwar niemals. Jede Nachfrage, jeder gutgemeinte Hinweis, den Arzt zu konsultieren, die alten Hausrezepte zu versuchen, sind des Guten bereits zuviel. Die Frau sollte versuchen, sich in diesem Fall ihrer angeborenen Pflege- und Hilfsbereitschaft zu entledigen, obwohl und gerade weil der Mann mit seiner Somatik natürlich an diese unermüdliche Fähigkeit der Frau appelliert.

Dies ist in Wirklichkeit die erste Machtprobe des modernen Machos, hier prüft er bereits den Widerstand und die Liebe der Frau. Aus seiner Sicht muß die liebende Frau ihn »richtig behandeln«, was auch immer das in seinen Augen sein mag. Wohlwollendes Verständnis ist es in keinem Fall, denn er leidet ja, und er will von seinen Leiden befreit werden durch die Frau. Eine liebende, verständnisvolle Frau vertieft aber sein somatisches Leiden und sein Distanzverhalten. Eine Frau, die diesem Druck des Mannes nachgibt, wird genau dafür von ihm verachtet. Sie ist nicht seine ideale Partnerin, denn dieses leidvolle Spiel ist dem modernen Macho aus seiner Kindheit wohlbekannt: Die treusorgende, Kamillentee kochende Mutter wurde zwar gebraucht und gefordert, hat aber seine Leidenshaltung verstärkt und den Jungen daraufhin trainiert, statt weniger immer mehr zu leiden.

Der erwachsene Mann sucht heute in Wirklichkeit eine Frau, die ihn nicht – obwohl er an ihre Pflegebereitschaft appelliert – pflegt, sondern ihn als fähigen Partner ernst nimmt und Anforderungen an ihn stellt. Für diese auf den ersten Blick sehr unüblichen und fast kaltherzig erscheinenden Verhaltensweisen benötigen Frauen sehr viel Mut und auch Risikobereitschaft, die sie sich nicht erwerben können, solange sie an ihre kulturell bedingte Sozialisierung zur Frau gebunden bleiben.

Zweiter Teil

Der typisch weibliche Weg

Die Realität der Gefühle

Frauen haben seit jeher dazu geneigt, ihren Gefühlen offen Ausdruck zu verleihen. Darin liegt ihre Stärke.

Im Patriarchat wird die Frau zur Unterordnung erzogen. Der Zwang zur Anpassung der Frau in der Partnerschaft bedeutet, daß sie ihre eigenen Gefühle zurückstecken, sie unterdrücken oder gar dem Mann genehme Gefühle vortäuschen muß. Ihre Tugenden sollen die des idealen Untertanen sein: Anpassung, Aufopferung und Sanftmut.

So für die Gefühlsarbeit sensibilisiert und vom Mann darauf verpflichtet, fällt ihnen einerseits seit eh und je die Aufgabe der Erziehung zu, andererseits sind sie genötigt, die Gefühlslage der sie beherrschenden Männer intuitiv zu erfassen. Die schwierige Aufgabe für Frauen heute ist es, sich nicht mehr nur aus dem Blickwinkel des Mannes zu sehen und nicht länger die Bedingungen, die der Mann stellt, zu akzeptieren. Frauen werden sich zunehmend ihres eigenen Wertes bewußt.

Schöner neuer Schein – die verleugnete Realität

Um heutiges Frauen- und Männerverhalten besser verstehen und beurteilen zu können, müssen wir tief in das 19. Jahrhundert eindringen. Die Menschen bejubeln heute den allgemeinen Fortschritt, die technische Entwicklung unserer Zeit; aber Zweifel an einem echten Fortschritt menschlicher Entwicklung sind angebracht und zwingend. Wir fliegen auf den Mond und zum Neptun, in den Beziehungen aber befinden sich Männer und Frauen in einem immer desolater werdenden Zustand. Das 20. Jahrhundert zeigt sich immer deutlicher als ein Jahrhundert, in dem Liebe und Menschlichkeit zum Ausverkauf angeboten werden. An seinem Ende haben wir es statt mit veränderten Gefühlsstrukturen offensichtlich mit erstarrten Gefühlsreaktionen des vorigen Jahrhunderts zu tun. Die Methode, die unser moderner Macho verwendet, trägt unverkennbar die Züge unserer historischen Situation.

Unser Jahrhundert täuscht – wie unser Macho – über die wirklichen Machtverhältnisse und damit über die Gefühlsrealität hinweg. Beharrlich und unverdrossen wird die Gleichstellung, die Gleichwertigkeit, die Emanzipation der Frau betont. Das aber ist der einzige wirkliche Unterschied zum 19. Jahrhundert, als man die Richtigkeit der Aussage *Die Frau ist ein minderwertiges Wesen* niemals anzweifelte, ja, sie sogar als Naturgegebenheit und Grundlage des gesellschaftlichen Lebens ansah. Das 20. Jahrhundert bekennt sich zwar öffentlich und rechtlich zu der Gleichstellung der Frau, der Gleichberechtigung der Geschlechter; aber die Bekenntnisse und Erkenntnisse unseres Zeitalters haben einen lediglich theoretischen Wert und eine Alibifunktion. So wie die einsichtigen und einfühlsamen Beteuerungen des modernen Machos dienen auch diese nur dazu, Frauen zu vertrösten und sie wie gehabt auf die Rolle eines Störenfriedes zu verweisen.

Heute sind Frauen geblendet von dem ungeheuren Ausmaß an Freiheit und den Möglichkeiten, die ihnen das Leben in der modernen Gesellschaft gewährt. Vor lauter Freude registrieren sie nicht mehr, daß die zugestandenen Freiheiten und Rechte ausschließlich zu ihren Lasten gehen. *Die bisherige Emanzipation der Frau hat den Mann von jeglicher Verantwortung und Verpflichtung in der Beziehung befreit.* Während im 19. Jahrhundert, in dem das offene Machotum galt, der Mann für die Frau zu sorgen hatte, reicht heute in der Regel eine Einladung zum Abendessen. Frauen lassen sich auch heute hinsichtlich ihrer realen Lebenssituation und Freiheit täuschen. Die alten Werte gelten ungeachtet aller anders lautenden Erklärungen. Die Frau als einfühlsames Wesen, ausgestattet mit den weiblichen Schwächen, muß nach wie vor jegliche Gefühlsarbeit leisten. Der Schein hat sich geändert, die Realität nicht.

Während im 19. Jahrhundert die Kluft zwischen den Geschlechtern geprägt war von Unwissenheit, Prüderie und Schamhaftigkeit, glänzt die heutige Zeit geradezu vor sexueller Freizügigkeit. Erlaubt ist, was gefällt. Keiner stellt die Frage, warum das allgemeine sexuelle Glück nun nicht endlich Wahrheit geworden ist und um sich gegriffen hat. Jetzt, wo alles erlaubt ist, moralische Zwänge endlich überwunden sind, stünde der sexuellen Erfüllung doch nichts mehr im Wege. Tatsächlich aber hat sich in unserer Zeit mit der Konstruktion des modernen Macho lediglich die Methode geändert; das dahinterliegende Frauenbild wirkt unverändert fort. Ja, es könnte sogar sein, daß die sexuelle Revolution die Frauen in eine neuerliche Falle des Patriarchats geführt hat und die Einstellung des Mannes aus dem 19. Jahrhundert, »Eine Frau mit Freude am sexuellen Genuß ist eine Hure«, sich jetzt voll entfalten kann. Die sich ausbreitende sexuelle Lustlosigkeit ist ein Indiz dafür, daß Mann und Frau die moralische Spaltung der Frau in »die Heilige und die Hure« noch nicht überwunden haben. Es scheint eher, als sollten die allenthalben ausgeübten und vielgepriesenen sexuellen Praktiken und Freizügigkeiten diese erschütternde Wahrheit überdecken.

Ein Blick zurück – in die Gegenwart

Denis Diderot (1713–1784) hatte es nicht leicht mit seiner Meinung, daß die Frau ebenso wie der Mann ein menschliches Wesen sei. In der Folgezeit der Französischen Revolution erkämpften sich Frauen größere Rechte, als ihnen von Männern bis dahin je zugestanden waren. Das gab zu Hoffnungen Anlaß, und viele glaubten, daß sich das Verhältnis der Geschlechter und damit die Lebensumstände in dieser Welt grundlegend würden ändern können. Dies erwies sich jedoch als Täuschung. Die folgende Generation fiel mit Beginn des 19. Jahrhunderts in eine konservativere Lebensform zurück. Das steht im Gegensatz zu den äußeren Bewegungen dieses Jahrhunderts, das gekennzeichnet war durch fortschreitende Demokratisierung im sozialen und politischen Bereich. Fortschrittliches Denken und Forschen sowie die allgemeine Tendenz zur Verbesserung menschlicher Lebensbedingungen gingen mit dem weiteren Rückgang kirchlichen Machteinflusses einher. Aber in der Einstellung zur Sexualität fand sich keine Spur von Fortschritt oder Befreiung von alten Zwängen. Im Gegenteil, erst im 19. Jahrhundert erlebte die Bekämpfung und Verdrängung der Sexualität ihren Höhepunkt. Die Ausbreitung von Schamhaftigkeit und Prüderie und die Verschärfung der alten unterdrückenden Sexualmoral hingen eng mit dem Aufstieg des Bürgertums zusammen. Gern ahmte der Bürger jetzt gewisse Lebensweisen der wohllebigen aristokratischen Oberschicht nach. Jedoch hatte alles tugendhaft und maßvoll zu geschehen, insbesondere alles, was auf Vergnügen und Ausgelassenheit hinauslief. Als aufgeklärter und fortschrittlich denkender Mann, als der er galt, hat der Bürger sein Interesse auch und besonders der Beziehung der Geschlechter und der Sexualität zugewendet. Die moralischen Leitlinien wurden nicht mehr als religiöse Dogmen vorgehalten, sondern in Form wissenschaftlich fundiert erscheinender Erkenntnisse neu ausgegeben.

Es waren in erster Linie Mediziner, die sich mit den Fragen des Geschlechtslebens befaßten. Eine anerkannte Autorität war in England der Arzt William Acton, der 1857 ein umfangreiches und vielgelesenes Handbuch verfaßte:

Ich möchte sagen, daß die Mehrzahl der Frauen (zu ihrem Glück) von sexuellen Gefühlen nicht sonderlich geplagt werden. Was bei Männern die Regel ist, ist bei Frauen die Ausnahme. Es stimmt zwar, daß es vereinzelt Frauen gibt, deren sexuelle Begierden sogar die von Männern an Stärke übertreffen.

Doch trotz dieser traurigen Ausnahmen kann kein Zweifel bestehen, daß sexuelle Gefühle bei Frauen in der Mehrheit der Fälle sich in der Schwebe befinden ... und selbst wenn sie geweckt werden (was bei vielen niemals geschehen kann), nehmen sie sich im Vergleich zum Manne eher bescheiden aus. Die besten Mütter, Ehefrauen und Leiterinnen von Haushalten wissen wenig oder nichts von sexuellen Befriedigungen. Liebe für ihr Heim, ihre Kinder und das Interesse an häuslichen Pflichten sind die einzige Leidenschaft, die sie kennen.

In der Regel wünscht eine sittsame Frau keine sexuellen Freuden für sich selbst. Sie gibt sich ihrem Mann hin, doch nur, um ihm gefällig zu sein. Und sie würde, wäre da nicht die Mutterschaft, wohl mit Erleichterung auf seine Aufmerksamkeiten verzichten. Die verheiratete Frau hat nicht den Wunsch, nach Art einer Geliebten behandelt zu werden.[3]

Damals waren sexuelle Gefühle für Frauen nicht statthaft. Zeigten sie sie dennoch, wurden sie degradiert und als vulgäre Frauen angesehen. Was aber den Mann betrifft, so wurde auch und gerade in dieser moralisierenden Zeit wie selbstverständlich angenommen, daß er einen stärkeren Trieb habe und deshalb Befriedigung bei liederlichen Frauen der arbeitenden Klasse suche. Die Prostitution nahm zu dieser Zeit ein bezeichnendes Ausmaß an.

Ein junges Mädchen aus guter Familie durfte keinerlei Vorstellungen vom männlichen Körper haben. Es durfte auch nicht wissen, wie Kinder auf die Welt kommen. Die Frau sollte nicht nur körperlich unberührt, sondern auch seelisch völlig rein in die Ehe gehen. Es erforderte einigen Aufwand, um diese Unwissenheit zu erhalten, aber oft genug gelang dieses Kunststück. Die junge Frau sollte auf den Mann zwar anziehend wirken, aber ja keine erotischen Gefühle in ihm wecken. Das Frauenbild der Männer hatte sich gespalten in einen reinen und edlen Teil, der Verehrung fand, aber wenig erotische Gefühle auslöste, und einen dunklen und erotisch anziehenden Teil, bei dem Perversionen jeglicher Art befriedigt werden konnten. Die moralischen Auffassungen von der Sexualität im viktorianischen Zeitalter erschwerten die Beziehung der Geschlechter. Die Kluft zwischen Mann und Frau, erzeugt durch Unwissenheit, Prüderie und Schamhaftigkeit, war unüberwindlich geworden. Während die Frau von unschuldiger Zärtlichkeit und romantischer Liebe träumte, reduzierte sich in den Phantasien der Männer Sexualität auf den bloßen Geschlechtsakt. Sexualität war häufig nur eine Angelegenheit der Genitalien. Sie war in der Ehe vielfach eine für beide Teile unangenehme Pflicht.

Die Frauen fanden sich mit ihrer Aufgabe als Hausfrau und Mutter ab, bezogen vielleicht eine stille Genugtuung aus ihrer Rolle als Hüterinnen der guten Sitte, die ihnen trotz aller Unterordnung einen gewissen Einfluß gegenüber dem Mann verlieh. Häufig aber wurden sie krank, litten an allerlei Symptomen, denen die Ärzte nicht beizukommen vermochten. Der Mann dagegen fand Zufriedenheit und Erfüllung in seinem beruflichen und gesellschaftlichen Tätigkeitsfeld.

Gegen die im Konservativismus erstickende Lebensform wurde am Ende des 19. Jahrhunderts die Frauenbewegung lebendig. Bürgerliche Frauen postulierten und praktizierten in äußerer Erscheinung und in ihren Verhaltensweisen eine Lebensart, die bis dahin mit Prostitution assoziiert wurde. Mit der Erkämpfung des Wahlrechts erreichte die Frauenrechtsbewegung des beginnenden 20. Jahrhunderts ein wichtiges Ziel: Die soziale Stellung der Frau war grundlegend verändert. Erstmals waren Frauen beim Erwerb ihres Lebensunterhalts nicht mehr unbedingt vom Mann abhängig. Sie wurden gemeinsam mit Männern ausgebildet, erwarben größere sexuelle Freiheiten und schlossen auf vielerlei Weise vordergründig die Kluft zwischen den Geschlechtern.

Das Gefühlsleben wurde jedoch von dieser Liberalisierung nicht berührt. Das Bild von der Frau hatte sich nicht geändert, und auch heute noch sind wir in unserem Gefühl dieser Sicht verhaftet.

Das psychologische Fundament

Die patriarchalischen Strukturen des 19. Jahrhunderts stehen nun nicht einfach nackt im Raum – schließlich galt es, die Macht zu verteidigen. Es bedurfte eines ausgefeilten theoretischen Fundaments, um die Vorherrschaft über die Frau, ihre gesellschaftliche Stellung, ihre Rolle, ihr Verhalten, ihre Gefühle und ihr Selbstbild zu sichern. Die Säulen des patriarchalen Systems finden sich auch heute in den Theorien und Wissenschaften vom Menschen. Hier, wo seine Natur erforscht und dogmatisch festgelegt wird, wird das Urteil über die Frau fundiert und besiegelt. In den Lehren vom Menschen, in Theologie, Psychologie und Psychiatrie entscheidet sich das Schicksal der Frauen. Diese Lehren sind Träger der patriarchalischen Macht. Auch die Biologie kann zur Magd der Männermacht werden, wenn sie, wie in der heutigen Zeit, Hirnhälften mit Geschlechtsmerkmalen in Beziehung setzt; wobei »natürlich« die abstrakte, als dominant bezeichnete Hemisphäre dem männlichen Denken entsprechen soll.

Gleichermaßen wird die Psychologie von Männern gemacht, die ihre eigenen Motive verfolgen und damit ihre Vorherrschaft absichern. So ist die Psychoanalyse eine klassisch-männliche Lehre der menschlichen Seele. Sigmund Freud hat zum Beispiel das Leiden seiner Frau in der Ehesituation zum Anlaß genommen, in der weiblichen Natur schlechthin einen Hang, ja eine geheime Lust am Leiden zu postulieren. Man stelle sich diesen Ansatz nur einmal mit vertauschten Rollen vor – die männliche Logik springt sofort ins Auge.

Eine wesentliche Problematik der Frau sah Freud in ihrem Neid auf den Penis, den zu überwinden sie die sonderbarsten Verhaltensweisen entwickele. Auch in der Frage der Emanzipation hatte Freud merkwürdige Ansichten. Auf die Frage eines seiner Schüler, ob denn die Gleichberechtigung beider Partner nicht das Beste wäre, sagte er: »Das ist praktisch eine Unmöglichkeit. Ungleichheit muß es geben, und die Überlegenheit des Mannes ist das kleinere Übel« (zitiert nach Erich Fromm)[4].

Ein tiefergehendes Verständnis vom Wesen der Frau zeigt die Individualpsychologie Alfred Adlers. Seine Tiefenpsychologie kennt im Erleben der Gefühle keinen Unterschied zwischen Mann und Frau. Sie erkennt aber sehr wohl die Problematik und die Ängste von Mann und Frau, die sich aus der individuellen, geschlechtsspezifischen Sozialisation ergeben. Eine der wesentlichsten Aussagen über die Natur des Menschen ist die, daß Charaktereigenschaften nicht vererbt werden, auch wenn eine jahrtausendealte Kultur konstante Verhaltensweisen hervorgebracht hat, deren Ursprünge nur noch schwer zu erkennen sind.

In bezug auf das Verhalten der Frau in der Sexualität vertritt Adler die Auffassung, daß jede Frau in einer patriarchalen Kultur ein spezielles Minderwertigkeitsgefühl entwickeln muß, das sich aus der untergeordneten Stellung in der Gesellschaft ergibt. Eine Frau, die ständig mit der vor Augen gehaltenen Minderwertigkeit ihres Geschlechts leben muß, kann nur schwer ein natürliches Empfinden als Frau entwickeln. Da sie spürt, daß sie als Mensch zweiter Klasse gilt, kann sie aus ihrer Geschlechtszugehörigkeit kein Selbstwertgefühl entwickeln. Die Ablehnung der weiblichen Rolle manifestiert sich im männlichen Protest (Alfred Adler)[5]. Mit ihm versucht die Frau, die Unterlegenheit und Minderwertigkeit zu kompensieren. Die herabwürdigenden Strukturen des Patriarchats verhindern, daß sie sich als Frau akzeptieren kann, denn mit der Annahme ihrer weiblichen Rolle würde sie ihre Unterlegenheit eingestehen. Sie ist darauf angewiesen, verschiedene Seitenwege einzuschlagen, auf denen sie hofft, vom Mann wahrgenommen und gehört zu werden. So wählt sie oft Passivität und beschränkt und schädigt sich damit selber.

Vom Mann werden ihre Seitenwege in die Nähe von Krankheiten gerückt oder gar offen für pathologisch erklärt. In Begriffen wie Frigidität und Hysterie zeigt sich die stützende Rolle der Psychologie. Wenn der Frau durch ihre gesellschaftliche Geringschätzung und Ausbeutung durch den Mann die Lust vergeht, ist sie frigid, also gefühlskalt; zeigt sie Gefühle, ist sie zickig; erträgt sie das Leiden nicht mehr, ist sie hysterisch, unberechenbar – muß gar in die Klinik. Immer, wenn die Frau ihn stört, hat der Mann ein Patentrezept bereit.

Ein anderer Seitenweg, auf dem die Frau meint, aus der Klemme des Patriarchats herauszukommen, besteht darin, daß sie männliche Attitüden übernimmt und versucht, wie ein Mann zu sein. Die disqualifizierte Weiblichkeit wird von ihr abgeleugnet, und sie übernimmt offen die Werte des Mannes.

Die von den Frauen gesuchten Wege sind unterschiedlich

und haben jeweils einen engen Bezug zu ihrer Kindheitssituation und zu ihrem persönlichen Lebensstil. In der Sexualität spiegelt sich die jeweilige Partnerschafts- und Beziehungsproblematik exakt wider. Störungen im Geschlechtsleben beruhen also auf einem patriarchalen Lebensstil und offenbaren fehlende Beziehungsfähigkeit, Mangel an Mut und optimistischer Aktivität. In einer Gesellschaft, die die Frau minderbewertet, kann es keine gemeinsame lustvolle Sexualität geben.

Es zeigt sich immer wieder, daß das Thema Sexualität ausgeklammert und losgelöst von anderen Bereichen gesehen wird. Es ist nicht von ungefähr, daß gerade in der Sexualität, im Sprechen über Sexualität, über die Gefühle während der Sexualität, die größtmögliche Verleugnung stattfindet. Offensichtlich spielen hier Befürchtungen eine Rolle, denen sich heute noch niemand stellen will. Deshalb wird die Kluft zwischen den Geschlechtern immer größer. Männer und Frauen können sich in der Beziehung nicht finden, sind unaufgeklärt und tragen weiterhin überkommene Bilder vom Zusammenleben in sich.

Durch die *Verleugnung der Realität,* nämlich daß Mann und Frau in der Sexualität verschiedenen Zielen nachstreben, *lieben und leben sie gefühlsmäßig aneinander vorbei.* Alles, was die Frau fühlt, denkt, tut und unterläßt, ist auf den Mann geeicht. Wo ihre Zweifel einsetzen, wo sie das Gefühl hat, den Bogen überspannt zu haben, selbst ob sie für sich Entwicklung ins Auge faßt oder nicht, alles macht sie vom Mann abhängig. Da sie merkt, daß er keine gleichberechtigten Frauen neben sich erträgt, macht sie sich ihm gegenüber klein, damit er zufrieden ist und sich als ganzer Mann fühlen kann. Ihre gesamte Erziehung ist auf die Hofierung des Mannes zentriert. Der Mann ist der Mittelpunkt im Leben einer Frau. Ohne ihn, ja gar unabhängig von ihm, befällt sie das Gefühl der Angst, so als ob sie ihrer Schwerkraft beraubt wäre.

So beschreibt Monika (Medizinstudentin, 27) als aufgeklärte und moderne Frau ihre Ehesituation, ihre Beziehung in der Sexualität wie folgt:

Als moderne Frau habe ich noch heute das Gefühl, weniger wert zu sein als der Mann. Er übernimmt für mich die aktive

Rolle, während ich der passiven verpflichtet bin. Dieses Bild, das ich in der Kindheit vermittelt bekam, trage ich nicht nur ins alltägliche Leben mit hinein, nein, es geht bis in die Sexualität. Immer wieder kommt das Gefühl auf, der Mann kann alles, hat es im Leben leichter, schafft alles. In der Sexualität hat er immer Lust, kann jederzeit, ist aktiv, hat keine Probleme. Ich dagegen habe oft keine Lust, habe die Probleme. Ich bin die Schwache, der Mann ist der Starke, der dominierende Teil in der Partnerschaft.

In dieser Schwächeposition kommt mein kulturell bedingtes Ziel ins Spiel: Ich will den Mann halten, die Sicherheit, die er mir angeblich gibt, nicht gefährden. Ich kann mich in der Sexualität nicht frei entscheiden, ob ich möchte oder nicht möchte. Aus Angst, den Mann zu verlieren, wenn ich nicht mit ihm schlafe, mache ich mit, strenge mich an, damit der Mann es schön hat. Diese Unterwürfigkeit halte ich nicht lange aus. Wutgefühle auf den Mann setzen ein. Ich kann ihn dann nicht als gleichwertigen Menschen schätzen und respektieren. Mein Ausweg aus dieser Situation ist in dem Abwerten und in der Mißachtung begründet. Mein Körper drückt diese Gefühle aus, er läßt sich jetzt nicht mehr überlisten. Die Sexualität wird für einige Zeit ganz eingestellt.

In dieser Gefühlslage treffen zwei Probleme aufeinander: auf der einen Seite die Überschätzung und auf der anderen Seite die Geringschätzung des Mannes. Gleichwertigkeit kann ich mit diesen Gefühlen nicht erleben; wirkliche Beziehung kann ich nicht aufnehmen. Beide Gefühle stehen mit der Abhängigkeit vom Mann in Verbindung. Die Abhängigkeit besteht für mich in der Sicherheit, einen Mann zu haben, der für mich sorgt. In dieser Abhängigkeit kann ich meine Meinung und mein Gefühl nicht sagen, nicht frei agieren, meine Verletzungen nicht offen zeigen. Durch die Position der schwachen Frau blockiere ich meine Entwicklung, gebe mein traditionelles Ziel nicht auf.

Eine Persönlichkeit und damit eine eigenständige Frau kann ich nur werden, wenn ich mich nicht mehr auf den Mann stütze, sondern sicher für mich weiß, daß ich auch alleine meinen Lebensunterhalt verdienen, mein Leben in die Hand nehmen, selbständig werden, mich für die Sexualität frei entscheiden kann.

Das Problem für Monika ist aber, daß sie sich gerade eben nicht für ein eigenes Leben und eine eigene Sexualität entscheiden kann. Monika verdrängt bis heute erfolgreich, daß auch sie bei ihrer Partnerwahl auf einen Mann getroffen ist, in dem die Gefühlsstruktur, die moralische Wertvorstellung, die klassische Mann-Frau- Definition des 19. Jahrhunderts unverändert lebendig ist und lebt. Als passende Partnerin entspricht sie jener schon von William Acton beschriebenen Frau, die von sexuellen Gefühlen »nicht sonderlich geplagt« wird. Ohne sich darüber im klaren zu sein, nimmt sie auf Anforderung des Mannes die typische Gefühlshaltung einer Frau im 19. Jahrhundert ein.

Heute, im Zeitalter der sogenannten Gleichberechtigung und Gleichstellung der Geschlechter, muß sie die Bürde der Partnerschaftsproblematik allein tragen, was sich auch in ihrem Bericht wie eine eigene Schuldzuweisung ausnimmt. Ihr Gefühl, weniger wert zu sein als der Mann, wird von ihr selbst, dem Mann und der Gesellschaft als persönliches weibliches Problem diagnostiziert. Vergessen und verleugnet wird dabei, daß auch ihr liberaler und gleichberechtigt erscheinender Mann sich im Innersten tatsächlich überlegen fühlt. *Der Fortschritt des 20. Jahrhunderts scheint in der gekonnten Verleugnung dieser Realität zu liegen.*

Das Unglück in der Sexualität ist aber gerade durch die zugrundeliegende patriarchale Struktur verursacht und kann nur verändert werden, wenn Mann und Frau sich aus den überkommenen Gefühlsdispositionen des 19. Jahrhunderts lösen und sich der wirklichen Gefühlssituation stellen.

Die Emanzipation der Frau fand nicht statt

Feministische Tradition steht in einem spannungsreichen Bogen zu den liberalen Traditionen. Frauenemanzipation hat ihre feste Grundlage in der liberalen Vorstellung gleichen Rechts. Frauen haben in diesem Jahrhundert das Stimmrecht, das Recht auf Chancengleichheit, das Recht auf soziale Absicherung erworben – aber die mit der formalen Gleichstellung ersehnte Anerkennung und Geltung für die Frau ist ausgeblieben. Immer mehr Frauen werden sich der Tatsache ihres mangelnden Wertes in unserer patriarchalen Gesellschaft schmerzlich bewußt. Die Emanzipation der Frauen ist stehengeblieben bei den von der Frauenbewegung erkämpften und von Männern gewährten Rechten, die verfassungsmäßig verbriefte Chancengleichheit garantieren. Freiheit und gesteigertes Selbstwertgefühl, die Gleichwertigkeit mit dem Mann hat sie den Frauen nicht gebracht; eher hat sie die Frauen eingegliedert in das Leistungskarussell einer von Konkurrenz- und Karrieresucht getragenen Männergesellschaft.

Erfolgreiche Frauen versuchen, wie Männer zu leben. Ihr Tagesplan ist terminsicher. Souverän spielen sie ihre Rolle. Konkurrenz- und Kampfbereitschaft zeichnen sie aus. »Der Stärkere gewinnt« ist auch ihr Motto. Die weniger Erfolgreichen mühen sich auf der unteren Skala des Wettbewerbs ab – frustriert und eher gestreßt, verbuchen sie die angebliche soziale Gleichstellung in ihrem Leben. Die erfolgreiche Frau zittert und bangt um ihren Erfolg – die erfolglose Frau zittert und bangt um ihren Sieg. Beide Attitüden im heutigen Leben einer Frau weisen auf den ungeheuren Kompensationszwang eines zu niedrigen Selbstwertes hin. Die Anpassung der Frauen an männliche Tugenden hat ihnen zwar die wirtschaftliche Unabhängigkeit eingebracht – aber sie gleichzeitig zu Sklavinnen einer von Männern diktierten und strukturierten Welt degradiert. Eine so verstandene und gelebte Emanzipation – die letztlich nur eine Verherrlichung männlicher Werte meint, kann für die Frau keine Freilassung aus der Abhängigkeit bedeuten. Die Erkenntnis der Ungleichheit hat zu Beginn des 20. Jahrhunderts Frauen bewogen, einen Schlußstrich zu ziehen unter die traditionelle geschlechtliche Aufgabenteilung. Sie begannen, Besitz von der Außenwelt zu ergreifen. Aber die gefühlsmäßige Entwicklung hat mit dieser revolutionären Veränderung nicht Schritt halten können. In der Gefühlsstruktur der meisten Frauen wirkt das 19. Jahrhundert mit seiner Sichtweise vom Wesen der Frau unabänderlich fort. Moralische und ethische Gefühlsrelikte aus einer Zeit, in der der Mann uneingeschränkt regierte, verhindern noch heute eine wirkliche Gleichstellung, die Gleichwertigkeit von Mann und Frau.

Eine Befragung, die ich zum Thema »Selbstbild der Frau« und »Frauenbild des Mannes« vornahm, bestätigt diese These auf ernüchternde Weise. An der Untersuchung nahmen etwa 60 Männer und Frauen teil, Menschen, die sich nach landläufigen Maßstäben als emanzipiert bezeichnen würden. Die persönlichen Einschätzungen zeigen zum einen eine verblüffende Übereinstimmung zwischen Männern und Frauen; sie spiegeln zum anderen das unveränderte Frauenbild des 19. Jahrhunderts wider. Frauen und Männer sehen Frauen eher als schwach, ihre Stärken sehen sie in ihrer Mütterlichkeit, in der Erfüllung der Erziehungsaufgabe.

Selbstbild der Frau:
- Sie muß brav, lieb und nett sein, bescheiden und selbstlos;
- sie darf nicht klüger sein als der Mann;
- sie sollte den Mann unterstützen;
- sie muß weiblich, hübsch und sexy sein;
- sie darf auf künstlerischem Gebiet zur Geltung kommen;
- sie darf nicht mit dem Mann konkurrieren.

Frauenbild des Mannes:
- Sie muß treu sein;
- sie darf nicht klüger sein als er;
- sie soll dem Mann die Sorgen abnehmen, ihn verwöhnen;
- sie muß vermitteln und tolerant sein;
- sie soll soziale Kontakte herstellen;
- sie darf in der Familie bestimmen, ist zuständig für die Sauberkeit;

- sie muß sich anschließen können;
- sie muß vom Mann beschützt werden;
- eine Frau ohne Mann gilt nicht.

Das sind nur einige der Aussagen, die man hinter der Fassade einer sich als emanzipiert verstehenden Gesellschaft nicht vermuten würde. Um den heute geltenden Weiblichkeitsbegriff besser verstehen zu können, lohnt es sich, einen Blick in das 19. Jahrhundert zu tun. Hinter der Fassade gesellschaftlicher Demokratisierung wurde die Lust der Frau verpönt, ihre moralische Stärke indes hervorgehoben: Sie wurde zur Frau gemacht, die Männer sich wünschten.

Die Frau im 19. Jahrhundert – Von der physischen Schwäche zum physiologischen Schwachsinn

Im 19. Jahrhundert wurde die Frau ins Haus verbannt. So hieß es 1851: *Dem wahren Wesen des Weibes entspricht es, in der Familie zu beharren. Es ist der ganz besondere Beruf der Frauen, zu sorgen, daß das heilige Feuer des häuslichen Herdes niemals erlischt, ... die Sitte des Hauses zu pflegen, zu schirmen und fortzubilden (W. H. Riehl)*[6].

Hausfrau und Mutter war also der ausschließliche Beruf der Frau, hier hatte sie ihr politisches Arbeitsfeld. Ausgehend von den verschiedenen geschlechtlichen Aufgaben bei der Fortpflanzung – die Frau als Gebärende, der Mann als lustvoller Erzeuger –, galt als Naturgesetz: Die Frau erzieht die Kinder, der Mann muß hinaus ins feindliche Leben. Die daraus erwachsene soziale Abhängigkeit und Ungleichheit zwischen den Geschlechtern sorgte für die zunehmende Einengung der Frau im gesellschaftlichen Bereich, besonders aber in der Liebe und in der Sexualität.

Das 19. Jahrhundert zementierte wissenschaftlich und männlich die Macht des Mannes über die Gefühle der Frau. Der Mann bestimmt nach seiner Willkür ihre Bedeutung, ihre Schwächeposition in der Welt, und macht sie so abhängig von seinem Wohlwollen. Theorien über die Sexualität der Frau, ihre

Lustfähigkeit und -unfähigkeit waren besonders geeignet, die Frau in die gewünschte Rolle zu verweisen. Obwohl die genauen physiologischen Grundlagen der Sexualität bis ins 20. Jahrhundert hinein noch weitgehend unbekannt waren, wurde nun der weibliche Geschlechtstrieb festgelegt als Trieb zur Mutterschaft, der erst dann befriedigt war, wenn der gesamte Ablauf von Schwangerschaft und Geburt umfaßt war. So heißt es in einem medizinischen Fachbuch von 1893:

Die weibliche Liebe ist im Grunde nur ein sekundärer Aspekt der Mütterlichkeit; und all jene Gefühle, welche die Frau mit dem Mann verbinden, entstehen nicht aus dem Sexualtrieb, sondern sind Instinkte der Unterwerfung und der Ergebenheit, die durch Anpassung erworben wurden. Bei der Frau überwiegt in der Tat … die Mutter vor der Gattin (C. Lombroso)[7].

Indessen war das Verständnis der männlichen Sexualität großzügig und lustbetont. Männer formulierten für sich Theorien, die ihnen mehr Freiheit auf sexuellem Gebiet gaben, die der Frau völlig einschränkten. Um den Frauen die Entfremdung von ihrem eigenen Körper als Vorteil weiszumachen, wurde Mutterschaft kurzerhand zum heiligen Trieb erklärt. Muttersein und Charakterbildung wurden miteinander verknüpft. Passivität und Unterwerfung waren nun positive Eigenschaften. Damit entsprach die sexuelle Erlebnisweise der Frau ihrer gesellschaftlichen Stellung: passiv sich unterwerfend. So konstatierte 1891 der Psychiater Krafft-Ebing:

Beim Weibe ist die willige Unterordnung unter das andere Geschlecht eine physiologische Erscheinung. In Folge seiner passiven Rolle bei der Fortpflanzung und den von jeher bestehenden sozialen Zuständen sind für das Weib mit der Vorstellung der geschlechtlichen Beziehungen überhaupt die Vorstellung der Unterwerfung untrennbar verbunden. Sie bilden sozusagen die Obertöne, welche die Klangfarbe weiblicher Gefühle bestimmen.[8]

Ärzte griffen derartige Deutungen als wissenschaftliche Erkenntnis auf. Den Frauen wurden eindringlich die verderblichen Folgen eines unmäßigen Geschlechtsgenusses vor Augen geführt.

Gleichermaßen soll sie mit Anmut und sanfter Scham die Begierde des Mannes, die gemeine physische Natur zurückdrängen, welche sonst verderblich für Körper, Seele, Sitte und Familie wird. Um *dies zu erreichen, soll sie selbstbehütend und sparsam mit ihren körperlichen Reizen sein, und mit keuscher Selbstachtung jeder gemeinen Entblößung widerstreben (H. Klencke)*[9].

Frauen sollten nicht nachdenken – das war das Ziel aller wissenschaftlichen Bemühungen. Dieses Kunststück gelang, indem die Theorie der weiblichen Schwäche mit Methodik und Pedanterie immer genauer formuliert wurde. Ausgehend von der qualitativ unterschiedlichen Bewertung des Sexualtriebes von Mann und Frau, von der Festschreibung der physischen Schwäche, war der Weg nicht weit zum physiologisch attestierten Schwachsinn der Frau (vgl. Paul J. Moebius, Ueber den physiologischen Schwachsinn des Weibes[10]). Mit der Gleichsetzung von körperlicher mit psychischer Schwäche der Frau war die weibliche Natur dann endgültig festgelegt. So wurde bereits 1801 verkündet: *Das Weib ist von Natur schwach, und was ihre Abhängigkeit noch vermehrt, ist das innere Gefühl seiner Schwäche. Es muß also, um glücklich zu sein, diese Schwäche unterstützen und durch eine moralische Stärke das zu ersetzen suchen, was seinem Geschlechte an physischer Kraft abgeht (Bürger Laffecteur)*[11].

Die Energie und Kraft der Frauen wurde damit auf ihre moralischen Tugenden gelenkt. Diese geforderten Tugenden sollte sie nicht nur lernen, sondern verinnerlichen. Indem für die Frau eine durchgreifende Sittlichkeit postuliert wird, hat der Bürger die Gewähr, daß »im vertrauten Gemütsgärtlein seines Zuhauses keine Unordnung entsteht« (L. Berna-Simons)[12]. Die 1872 in den deutschen Gesundheitsregeln proklamierten Rollendefinitionen von Mann und Frau veranschaulichen die damals geltende Moral.

Dem Mann allein ist eigentliche Individualität möglich, die Frau in ihrer Schwäche und Naturverhaftetheit ist auf seinen Schutz und seine Unterstützung angewiesen ... Der Mann repräsentiert die Kraft, Geist und Willen, die Frau das Gemüth ... Das Gemüth ist die Quelle ihrer Lebensäußerungen, nicht for-

schende, schaffende und reflectierende Geistestätigkeit ist ihre Bestimmung, wie beim Manne, sondern Gefühlsleben, welches sich innig mit der Heimischen Häuslichkeit verknüpft ... (H. Klencke)[13].

Sittlichkeit und Tugend einer Frau verboten ihr das Denken, und so konnten ihr die Widersprüche ihrer gesellschaftlichen Rolle nicht bewußt werden. Denken galt als unweiblich, war dem Wesen der Frau zuwider und eine Sünde. Denken war dem Mann vorbehalten. Moebius schreibt 1894:

Wer soll vom Weibe reden? D.h. wer versteht etwas davon? ... Die Weiber selber? Ja und nein ... Im allgemeinen ist das natürliche Weib weder geneigt, noch befähigt, Aussagen über ihr Innerstes zu machen. Sie fühlt und handelt aus dem Gefühl, die Analyse ist ihr etwas Fremdes, ja Ungehöriges, durch die das Innere entweiht wird (Paul J. Moebius)[14].

So der Frau die Fähigkeit des Denkens absprechend, lobte das 19. Jahrhundert sie für ihr Gefühl als den Quell all ihrer Lebensäußerungen. Frauen wehrten sich zu Recht gegen diese Sichtweise von der weiblichen Natur – aber haben sie sich heute wirklich davon distanziert? Auch die emanzipierte Frau im 20. Jahrhundert wird für ihre Gefühlsarbeit belohnt und gelobt. Der moderne Weiblichkeitsbegriff hat sich zutiefst nicht verändert. Einerseits eingebunden in das männliche Prestigedenken von Macht und Erfolg, andererseits ängstlich besorgt um die Bestätigung als »weibliche Frau«, steht die emanzipierte Frau vor einem ähnlichen Dilemma. Nach wie vor lassen Frauen ihre eigenen Bedürfnisse außer acht und leben für die des Mannes. Sie leisten die emotionale Beziehungsarbeit. Sie bereichern die männliche Kampf- und Konkurrenzwelt um die *Gefühle* der Schwäche, Hilflosigkeit und Verletzlichkeit. Kaum eine Frau ist sich des großen Nachteils dieser Position bewußt, aus der heraus sie sich selbst und ihrer Umwelt die eigene Schwäche demonstriert.

»Es ist heute für die Frau notwendig geworden, sich von der Emanzipation zu emanzipieren, will sie wirklich frei sein«, schreibt Emma Goldmann (1987[15]).

Erziehung und Frauenemanzipation

Die Mutter als wichtigste Beziehungsperson in der Kindheit bildet für die Tochter die Brücke zur Tradition. Frauen tragen schwer an dem Erbe der Mütter. Die lebenslange Allianz zwischen Mutter und Tochter verpflichtet die Frau auf den unbewußten Lebensstil und das Lebenskonzept der Mutter. *»Ich fühle wie meine Mutter, ich denke wie meine Mutter, ich habe dasselbe Ziel im Leben wie sie – einen Mann«,* das ist eine häufig geleugnete Realität. Die Lebensanalysen von Frauen zeigen jedoch immer wieder auf: Frauen können sich zwar heute beruflich mehr qualifizieren, sie können arbeiten und leben wie ein Mann, aber sie können sich nicht wirklich emanzipieren von der gefühlsmäßigen Sicht der Mutter. Die Mahnung der Mutter an ihre Tochter, eine »weibliche Frau« zu werden und zu bleiben, wirkt in allen Frauen wie ein unveränderbares Gesetz fort und verhindert ihre wirkliche Emanzipation. Was eine weibliche Frau nun ist, weiß dabei niemand so genau, fest steht nur, eine weibliche Frau gefällt dem Mann. Damit sind Möglichkeiten und Grenzen des Frauseins festgelegt. Erlaubt ist, was dem Mann gefällt. Die Mutter als Vermittlerin der Tradition bindet die Tochter an die Frauenrolle, sie lehrt die Tochter, sich über den Mann zu definieren, so wie sie selbst es auch getan hat. Sie bereitet die Tochter auf die soziale Aufgabe im Leben einer Frau vor: verständnisvoll und hilfsbereit zu sein, lieb und angepaßt. Das *»Tu's mir zuliebe«* der Mutter ist das Training zum weiblichen Gehorsam. Die Tochter überträgt das mit der Mutter trainierte Beziehungsmuster auf den Mann. »Ihm zuliebe« verschont sie ihn mit ihren Gefühlen, ihren Bedürfnissen, »ihm zuliebe« verzichtet sie schließlich auf sich selbst (vgl. Irmgard Hülsemann)[16]. Oft sind es psychologische Vorgänge, die von der Frau nur vage wahrgenommen werden. Nur das allgemeine Unbehagen im Leben signalisiert seismographisch den erlebten Mangel.

Frauen haben Angst vor ihrer wirklichen Emanzipation, Angst vor der Freilassung aus dem Zustand der Abhängigkeit vom Mann. Sie haben Angst, und vielleicht nicht zu Unrecht, die Liebe des Mannes zu verlieren. Ihre tiefsten Befürchtungen

– und gewagte Auseinandersetzungen mit dem Mann geben ihr in der Regel recht – gehen dahin, daß der Mann die Gleichwertung der Frau in der Liebesbeziehung nicht dulden wird. Er wäre ja der Verlierer bei diesem Spiel – mit ihrer intuitiven Kenntnis vom Wesen Mann deutet sie richtig: Was wäre der Mann ohne seine Überlegenheit, und rechnet mit seinem Widerstand. Getrieben von dieser Angst, treten Frauen oft den Rückzug an und träumen von der großen Liebe, vom Dornröschen, das vom Prinzen erlöst wird. Für die Frau hat die »Liebe« die Funktion eines »Allzwecklösers«: Sie soll dem Leid und der Einsamkeit ein Ende bereiten; sie soll das Gefühl der Wertlosigkeit in Wert umwandeln; sie soll von der Verantwortung für sich selbst befreien und vom Kampf gegen eine grausame Welt, für den eine Frau sich schlecht gerüstet fühlt. Diese Unterlegenheitsposition in der Liebe, diesen Traum vom großen Glück, das der Mann bescheren soll, hat jede Tochter von ihrer Mutter geerbt. Die Worte der Mutter zur Erreichung dieses Traumes, *»Kind, überspann den Bogen nicht«,* wirken tief in ihr. Jeder Befreiungsversuch versetzt sie erneut in heftiges Zweifeln am Wert ihrer Weiblichkeit. Das latent vorhandene mangelnde Selbstwertgefühl als Frau entscheidet in diesem Konflikt zumeist gegen die Frau und für den Mann. *»Ich bin zu unweiblich, zu hart«,* das ist die Antwort des Zweifels. Damit setzen Frauen die jahrhundertelange Tradition der Anpassung fort und unterstützen in gefährlicher Weise die patriarchale Kultur, die Überlegenheit des Mannes.

Die Analysen zweier junger Frauen verdeutlichen in besonderer Weise diese psychischen Vorgänge.

»Nicht daß du denkst, ich kann das nicht.«

Ich bin eine emanzipierte Frau, ich habe einen anspruchsvollen Beruf, eine Wohnung, ein Auto. Stehen Renovierung oder Reparaturen an, bin ich soweit trainiert, sie geschickt zu erledigen. Aber ich fühle mich nicht emanzipiert. Wenn es darum geht, vom Mann geschätzt zu werden, reduziere ich meine Fähigkeiten und werde völlig unselbständig. Das führt schließlich so weit, daß ich nicht mehr richtig Auto fahren kann, keine eigene Entscheidung treffe, sondern auf den Mann warte und von ihm Hilfe und das große Glück erhoffe. Diese Ausgerichtetheit auf die Anerkennung durch den Mann zieht sich durch alle Lebensbereiche.

In einem für mich sehr wichtigen Fortbildungsseminar spricht mich ein Kollege an. Von nun an wird das Seminar erst richtig spannend. Ich frage und diskutiere, was das Zeug hält. Da mich hauptsächlich die Frage beschäftigt: »Wie komme ich bei ihm an?«, fange ich bald an, mich zu verhaspeln und den Faden zu verlieren. Das Interesse an meinem eigenen Leben läßt nach, wenn es mir um die Anerkennung des Mannes geht. Aktivität, Freude, Engagement nur, wenn es um den Mann geht? Bewahre – ich bin doch emanzipiert!

Mein Verhalten steht aber im Widerspruch dazu. Neben dem Mann fühle ich mich unterlegen; meine Minderwertigkeitsgefühle versuche ich zu kompensieren, indem ich die »männlichen« Werte übernehme und ihnen nachstrebe. Das bringt mich aber besonders in der Liebe immer wieder in Schwierigkeiten. »Männliche« Werte sind für mich: über technische Fähigkeiten zu verfügen, rasant Auto zu fahren, sportliche Bestleistungen zu erbringen. Ständig liege ich mit dem Mann im Kampf, um ihm auszudrücken: »Denk nur nicht, daß nur du das kannst!« So schwanke ich zwischen der Haltung eines Gänschens und dem Gebaren eines Formel-1-Rennfahrers. In meinen Phantasien erträume ich mir romantische Szenen vom ersten Rendezvous. Der realen Liebe aber stehe ich skeptisch gegenüber. Als alleinstehende Frau geht es mir nicht gut, denn als Frau ohne Mann fühle ich mich weniger wert. Eine Beziehung mit einem Mann ist für mich noch heute die Sicherheit, die ich zum Handeln zu benötigen glaube, sowohl beruflich wie in der Öffentlichkeit.

Dieses Gefühl der Minderwertigkeit als Frau, das Schwanken zwischen Kleinmut und dem Kampf mit dem Mann ist das Ergebnis meiner Erziehung in einer Familie, in der Frauen nicht viel gelten. Die weiblichen Werte meiner Mutter, denen ich bis heute recht gebe, werden mir erst allmählich bewußt:

- *Als Frau bin ich weniger wert als der Mann.*

- *Ich muß nett sein, um den Mann zu halten.*
- *In der Sexualität muß ich ihm die Aktivität überlassen.*
- *Ich sollte dem Mann ein behagliches Zuhause schaffen.*
- *Kritik und Wutäußerungen sollte ich diplomatisch umgehen.*

Nun hält mich die Opposition gegen diese Werte und Normen ständig in Trab. Gleichzeitig aber versetzt mich meine Erfolglosigkeit zunehmend in Depression. Es wird mir von Tag zu Tag deutlicher bewußt, daß die bloße Umkehrung in die Negation weiblicher Wertvorstellung auch nicht zur Unabhängigkeit führt. Mit meinen »männlichen« Verhaltensweisen will ich letzten Endes wiederum dem Mann gefallen.

»Sei nicht so egoistisch«

Wie bewältige ich mein Leben? Praktische Dinge wie Renovieren, Nähen, Sägen, Bohren und so weiter schiebe ich gern vor mir her. Ich traue sie mir nicht so recht zu. Ich fühle mich stärker in der Ausübung eines manchmal anspruchsvollen Berufes, wie zum Beispiel Waren ins Ausland zu exportieren, mit Sprachen im technischen und kaufmännischen Bereich zurechtzukommen. Jetzt bin ich dabei, mir einen neuen Beruf durch ein Studium und mit Hilfe der Therapie aufzubauen. Ich habe schon mit 18 Jahren gelernt, mich im Ausland zu behaupten, mich selbst zu versorgen. Irgendwie gelingt mir das auch immer, äußerlich betrachtet. Im Gefühlsleben sehen die Dinge ganz anders aus. Schon als siebenjähriges Mädchen wußte ich, daß ich Kinderärztin werden wollte. Die Situation in meinem Elternhaus war jedoch nicht so, daß ich mutig diesen Schritt hätte machen können. Erst spät fing ich an, mein ursprüngliches Ziel zu realisieren. Jetzt möchte ich Kinder nicht medizinisch, sondern therapeutisch betreuen, das erscheint mir wichtiger. Ich meistere mein Leben ohne irgendeine finanzielle Unterstützung, doch als selbständige Frau, die mit beiden Beinen im Leben steht, fühle ich mich nicht.

Ich sehe heute immer deutlicher, daß ich ein gesundes Selbstwertgefühl nur entwickeln kann, indem ich Beziehungen habe, Freundschaft erfahre und gebe. Hier jedoch erlebe ich bei mir einen großen Mangel: Ich merke nicht, was ich in bestimmten Situationen wirklich fühle. Wenn ich mich einmal verletzt fühle, kann ich das nicht ansprechen. Fühle ich mich von einem Mann verletzt, kann ich oft nicht mehr aus meiner Abwehrhaltung ihm gegenüber herauskommen. In Freundschaft kann ich nicht mehr mit ihm sprechen, kann meine Bedürfnisse nicht formulieren. Bis heute kann ich einen Mann nicht real sehen. Meistens bin ich dann besonders nett und bemüht. Wenn mir ein Mann gefällt und ich mich in ihn verliebe, nehme ich nicht mehr wahr, was mir an ihm nicht gefällt. Ich träume mir den Mann so zusammen, daß er mir gefällt. Das Träumen habe ich als Kind schon gelernt. Die gefühlsmäßige Sicht meiner Mutter von mir, »Sei nicht so egoistisch«, lebt in mir. Sie gab dem Vater immer recht und lehrte mich durch ihr Verhalten, mich ihm gegenüber brav und angepaßt zu verhalten. Ich kämpfte um seine Liebe. Aber es war nie genug, es reichte nicht, ich reichte nicht. Wenn es heute darum geht, einen Mann für mich zu gewinnen, dann ringe ich um seine Liebe. Ich will die Worte meiner Mutter Lügen strafen, also bin ich nie egoistisch. Ich lasse die Bedürfnisse und Gefühle des Mannes gelten, sorge und gräme mich darüber, wie sein ablehnendes Verhalten zu verstehen sei, und komme immer wieder zu dem Schluß: »Ich reiche nicht, ich war nicht einfühlsam, nicht weiblich genug, ich war doch zu egoistisch.«

Bis heute – ich bin 35 Jahre alt – werde ich die Beurteilung meiner Mutter nicht los. Das Schlimme daran ist, daß jeder Mann mir dieses Urteil bestätigt.

Die geschilderte Gefühlsstruktur dieser beiden Frauen ließe sich durch andere beliebig erweitern. Eine so verstandene Emanzipation, die die Anpassung an männliche Werte beinhaltet und in ihrer Bemessung der Weiblichkeit auf den Gefühlsstrukturen des 19. Jahrhunderts beruht, kann kein Beitrag zur Humanisierung unserer Welt sein – auch wenn es für Frauen aufgrund ihrer Minderbewertung in unserer Gesellschaft ein verständlicher Ansatz ist, die Gleichstellung mit dem Mann zu erreichen, indem sie Vorrechte und Vorteile mit männlichen Verhaltensweisen anstrebt. Die wirkliche Emanzipation, der neue Weg für Frauen, kann nicht im Kopieren männlicher Verhaltensmuster liegen, sondern darin, daß sie mutig und entschlossen ihren Wert selbst bestimmen und ihre Persönlichkeit einsetzen für die Verwirklichung ihrer eigenen Ziele im Leben. Dieses kann nur gelingen, wenn Frauen sich der gesellschaftlichen Realität bewußt werden, wenn sie beginnen, die Bedeutung männlicher Werte in Frage zu stellen und eine Neubewertung der »weiblichen Schwäche« vornehmen. In diesem Prozeß der Abnabelung von der Abhängigkeit vom Mann können sich Frauen nicht der Unterstützung durch den Mann erfreuen. Durch Lustlosigkeit und Distanzgebaren kündigen Männer bereits ihren Widerstand an. Frauensolidarität wird einer der Grundpfeiler sein, die ihre Emanzipationsbestrebungen festigen und ihnen zum Erfolg verhelfen werden.

Die Erkenntnis der Frauen, daß die männliche Selbstherrlichkeit im Patriarchat nur so lange bestehen bleibt, wie Frauen den Mann verherrlichen, ist eine wesentliche Voraussetzung für eine Veränderung.

Emanzipation heute heißt, vertrautes Terrain zu verlassen, sich der eigenen Gefühlsrealität und der des Mannes zu stellen, heißt vorwärts und rückwärts zu gehen, Freude und Enttäuschung, bedeutet Mut zu sich selbst.

Ich bin (nur) eine Frau und habe (k)eine eigene Sexualität

Frigidität ist eine Erfindung des Mannes

In einem kürzlich von mir veranstalteten Frauenworkshop habe ich Frauen aufgefordert, den Satz »Ich bin eine Frau« zu sagen. Es gab keine einzige, die ihn ohne einen Zusatz formulieren konnte:

Ich bin nur eine Frau ...
Ich bin ja eine Frau ...
Ich bin zwar eine Frau ...
Eigentlich bin ich eine emanzipierte Frau, aber ...

Der schlichte Satz »Ich bin eine Frau« scheint für Frauen keine hinreichende Selbstdarstellung zu sein und spiegelt die Orientierungslosigkeit und das mangelnde Selbstwertgefühl als Frau wider. Warum scheitern Frauen immer wieder an der Frage ihres Selbstwertes, der Bestimmung ihrer Weiblichkeit? Liegt es daran, daß Frauen sich trotz emanzipatorischer Vorsätze nach wie vor der männlichen Beurteilung anschließen? Und wie sieht sie aus, diese männliche Beurteilung? In Schilderungen von Frauen spiegelt sich nach wie vor der geltende Glaube beider Geschlechter an die weibliche Schwäche.

Das Wunschbild von der Frau ist nicht die »Berufsfrau«. Männer wünschen sich die »Familienfrau«. Ihre Berufseignung wird zur Nebensächlichkeit, Führungsfähigkeit ist uninteressant. Dazu einige männliche Aussagen anno 1975:

- *Für mich ist die Frau ein weibliches Wesen. Und das soll sie wohl auch bleiben. Die Frau ist doch das weichere Element in der »Beziehung« oder soll es zumindest sein.*
- *Ja, sie ist eben fraulich, zärtlicher. Ich verstehe darunter, daß sie diejenige ist, die das Heim gemütlicher macht, wohnlicher macht, die das Leben lebenswert macht, indem sie schöne und angenehme Stunden ins Leben bringt.*
- *In der »Partnerschaft« ist sie ganz froh, wenn sie ein bißchen passiv sein kann, während der Mann die aktive Rolle übernimmt.*
- *Weiblich sein ist, daß die Frauen in der Lage sind, den Mann*

abzulenken, irgendwelche Probleme von ihm fernzuhalten. Sagen wir mal, wenn er von der Arbeit zurückkommt, nicht gleich das Jammern anfangen und sagen. das ist wieder teurer geworden und die Kinder haben das und das gemacht und das ist schiefgegangen und so weiter. Weibliche Fähigkeit, sagen wir mal, dem Mann zu helfen, seinen Beruf zu erfüllen und ihn nicht von seinem Beruf abzulenken (nach Helge Pross)[17].

Das Frauenbild der Männer ist auch Ende unseres 20. Jahrhunderts streng konservativ. Nach den Vorstellungen der Männer sind die Beziehungen zwischen den Geschlechtern im wesentlichen problemlos: Der Mann ist stark, er will den Beruf und will Familienernährer sein; die Frau ist schwach, sie will vorrangig die Familienrolle und nur zeitweise einen – dann aber anspruchslosen – Beruf. Sie möchte eben zum Mann aufschauen.

Wer dieses Bild der Harmonie in Frage stellt, gilt als Störenfried. Selbst wenn die Frau einen anspruchsvollen Beruf hat und ihre Rolle als Familienfrau perfekt erfüllt, wird ihre Doppelbelastung von den meisten Männern kaum zur Kenntnis genommen. Naiv und einseitig orientieren sie sich an ihren eigenen Bedürfnissen: dem Bedürfnis nach der hingabebereiten Partnerin, der reibungslosen häuslichen Versorgung, der Stabilisierung des persönlichen Selbstbewußtseins durch Anerkennung seiner »Überlegenheit« (nach Helge Pross)[18].

Eine Liebe im Patriarchat

Die Liebe ist eine Aufgabe für zwei. Daß es sich hierbei um eine schwierige Aufgabe handelt, wird Frauen immer mehr und Männern allmählich bewußt. Beide Partner spüren, daß die Liebe nicht glückt. Ehen halten nicht lange – das ist heute ein offenes Geheimnis. In einer von Männern dominierten Welt ist die Liebe karg und ohne Zärtlichkeit. Die Stimmung in der Liebe wird bestimmt von Konkurrenzdenken und Zwang. In unserer männlichen Kultur bleibt für die Frau wenig Raum zur Entfaltung ihrer emotionalen Wünsche und Bedürfnisse. Zumeist fügen sich Frauen den männlichen Prinzipien. Störungen in der Liebe sehen sie eher in ihrem eigenen Versagen. Dieses geschlechtsspezifische Rollenverhalten der Frau bestärkt wiederum den Mann in seiner Überlegenheitspose – und stärkt die patriarchale Kultur. Der Kreis schließt sich.

Auch für Eva, die hier ihre Ehe beschreibt, hat sich der Kreis geschlossen. Sie spielte ihre Rolle als Wunschfrau des Mannes perfekt; sie kaschierte ihre Gefühle, verdrängte und verleugnete ihre Realität und bestärkte so die Überlegenheit des Mannes. Aber alles half nicht – nicht das erhoffte Glück stellte sich ein, sondern das Ende der Ehe. Eva versäumte, den Kreislauf zu durchbrechen. Die Gemeinschaftsaufgabe »Liebe« kann nur gelöst werden, wenn beide Partner sich der Anforderung nach Gleichberechtigung stellen. Heute bedeutet das zuallererst, daß die Frau sich der klassischen männlichen Beurteilung entziehen, sich eigene Werte erarbeiten und der Mann seine Macht aufgeben muß. Nach einigen mutigen Versuchen und der darauf folgenden depressiven Reaktion ihres Mannes gab Eva auf:

Noch heute habe ich das Gefühl, weniger wert zu sein als der/mein Mann. Immer wieder gebe ich den alten Gefühlen recht, eben nur eine Frau zu sein, ohne Mann an meiner Seite ein Nichts zu sein. Ich hatte schon in meiner Kindheit gelernt, daß ein Junge, das heißt mein Bruder, mehr zählte als ich. Ich mußte viel tun, um als Mädchen noch zur Geltung zu kommen, um anerkannt zu werden.

So wie ich meinem Vater schon dankbar sein mußte und keine Ansprüche haben durfte, lebte ich auch später in der Partnerschaft. Ich hatte es »verlernt«, Wünsche, Ansprüche und Bedürfnisse zu formulieren. Ich mußte zufrieden und bescheiden sein, es dem Mann recht machen. Das Wort »frigide« schwebte immer wie ein Damoklesschwert über mir. Mit mir stimmte eben etwas nicht. Ich war nicht »richtig«. Deshalb schickte mich mein Mann am Anfang unserer Ehe zum Arzt. Er fand, meine Vagina sei zu weit. Deshalb könne er keine Lust empfinden, und es mache ihm mit mir keinen Spaß. Er drohte mir, wir wären geschiedene Leute, wenn es nicht besser mit mir klappte. Aus Angst, den Mann zu verlieren, strengte ich mich nun an, damit er es schön habe. Ich begann, ihm einen Orgasmus vorzutäuschen. Denn er hatte immer Lust, konnte jederzeit, hatte keine Probleme.

Heute weiß ich, daß ich alles dem Mann überließ. Ich fühlte mich für meine Sexualität überhaupt nicht verantwortlich. Ich kannte noch nicht einmal meinen Körper. Wir sprachen über nichts, denn die Vorstellung war: Die Frau durfte nichts wissen, mußte »unschuldig« sein; der Mann mußte die Erfahrung haben, mußte alles können. Wir gaben beide der üblichen Moralvorstellung recht. Ich hatte mich für den einen Mann aufgehoben und erwartete nun das große Glück durch ihn. Diese passive, abhängige Haltung war mit Riesenerwartungen und großen Enttäuschungen verbunden. Ich war für mein Leben nicht mehr verantwortlich, obwohl ich eine sehr tatkräftige, energische Frau war und bin. Mit einem Mann an meiner Seite hörte ich auf zu denken.

Am Anfang unserer Ehe war ich voll berufstätig, verdiente den Hauptanteil unseres Lebensunterhaltes, machte den Haushalt nebenbei und unterstützte meinen Mann bei seiner Doktorarbeit. Trotzdem war ich total auf ihn fixiert. Nach fünf Jahren Ehe wurde unser erster Sohn geboren. Selbstverwirklichung und Selbstfindung waren nun total ausgeblendet. Ich lebte nur noch als Hausfrau und Mutter. Ich fühlte mich, glaube ich, gar nicht mehr als Frau; eigenständig schon gar nicht. In dieser Zeit nahm meine ohnehin eingeschränkte Empfindungsfähigkeit in der Sexualität noch mehr ab. Ich wurde noch lustloser, suchte nach immer neuen Ausreden. um nicht zu »müssen«: Die Pille war schuld; ich war müde; ich hatte meine Periode und zog sie einfach in die Länge.

Ich fühlte mich ungeliebt, nicht genügend beachtet, von meinem Mann nicht verstanden, nicht unterstützt, den ganzen Tag kritisiert, gemaßregelt. Über diese Gefühle sprach ich nicht. Aber mein Körper reagierte. Ich konnte immer weniger erleben und mußte immer mehr eine Rolle spielen. Immer stärker geriet ich in Abwehr- und Verteidigungshaltungen meinem Mann gegenüber. Nach dem zweiten Kind fühlte ich mich wie im Gefängnis. Ich suchte Kontakte nach außen, um der häuslichen

Enge zu entgehen. Ich traf mich häufig mit anderen Frauen, unternahm allein etwas.

Heute weiß ich, daß mein Mann darauf mit Depressionen reagierte. Damals fand ich, er hat eben schlechte Laune, und ich bekam ein schlechtes Gewissen. In der Sexualität war er es nun, der keine Lust mehr hatte. Ich fing an, mich immer mehr um ihn zu bemühen. Meine Wut und Unzufriedenheit verdrängte ich. Jetzt ist mir klar, daß ich damals in kleinen Ansätzen aus meiner Hausfrauenrolle, aus meiner Passivität heraus wollte. Aber als aktive Frau war ich nicht gefragt, nicht gewünscht. So verharrte ich weiter in meiner Hausfrauenrolle, kaschierte meine Gefühle und täuschte auch so meinen Mann – bis zum Ende unserer Ehe.

Evas verzweifelte Anpassung, ihrem Mann auch in der Sexualität zu gefallen, führte sie direkt in ihre Schwächeposition. Sie nahm die Unfähigkeitszuweisung des Mannes an: Sie fühlte sich als schlechte Frau, sah ihre Weiblichkeit bedroht und kämpfte darum, sie vom Mann wiederzuerobern. Viele Frauen fühlen und handeln wie Eva. Vom Mann in der sexuellen Beziehung auf die Probe gestellt, reagieren Frauen bis heute mit Anpassung. Dies scheint die einzig mögliche Antwort zu sein. Denn im Zweifelsfall ist die Frau frigide. Frigidität als eine Erfindung der Männer hat sich als probates Mittel für den Mann erwiesen, die Frau zu beherrschen, sie nach seinen Vorstellungen zu formen. Reagiert die Frau nicht nach seiner Vorstellung, so stempelt er sie als »gefühlskalt« ab. Seine Aussage: »Bist du etwa frigide?« ist beleidigend wie die Beschimpfung »Emanze«. Der Bezeichnung »Frigidität« lastet etwas Klinisches an, sie klingt wie ein Krankenbefund.

Der Sprachgebrauch ist tendenziös irreführend. Denn Frigidität ist ein umfassendes und komplexes Phänomen. Die sogenannte frigide Frau ist nicht in der Lage, zu ihren eigenen Gefühlen, zu ihrem Frausein zu stehen. Nach wie vor ist sie auf den Mann fixiert und definiert sich über ihn. Die daraus resultierenden Gefühle der Wut, des Ärgers, der Angst verdrängt sie; und mit ihnen die eigene Lust. Wo aber bleiben diese Gefühle? Was machte Eva mit ihren Gefühlen? Sie verleugnete deren Realität und reagierte psychosomatisch. Im sexuellen Bereich machte sich das durch Empfindungslosigkeit bemerkbar. Dies ist das ganze Geheimnis der Frigidität, denn Sexualität ist eng mit dem eigenen Persönlichkeitsgefühl verbunden. Da der Zusammenhang zwischen den verdrängten Gefühlen und den Körperreaktionen nicht gesehen wird, glaubt die Frau an das *Märchen der Frigidität* und wird damit zum geeigneten Opfer des patriarchalen Systems.

Kaum jemand ist sich bewußt, daß die *Lust an der Macht die Lust an der Liebe tötet.* Sexualität zeigt unverfälscht, was jeder im tiefsten von sich und dem anderen hält. Gerade hier bestimmen die ungleichen Empfindungen von Mann und Frau über Lust und Frust. In einem Konkurrenzsystem werden Hingabe, Zärtlichkeit und Lust verzerrt und karikiert. Die sexuelle Technik mag sich bis zur Vollendung steigern, aber die Liebe bleibt auf der Strecke.

Erziehung im Patriarchat

In einer von männlichen Werten bestimmten Kultur werden Mädchen zu zukünftigen Wunschfrauen für Männer erzogen. Sie werden schon in der Kindheit darauf trainiert, die weibliche Gefühlsarbeit zu leisten, Anpassungsfähigkeit steht hoch im Kurs. Die Beurteilung einer heutigen Lehrerin über ihre achtjährige Schülerin, »sie ist endlich in der Lage, ihr Temperament zu kontrollieren«, steht in der klassischen Tradition der Weiblichkeitserziehung und ist heute keine Seltenheit.

So beschreibt Ulrike, eine 37jährige Lehrerin, ihre heutigen Gefühle in der Sexualität, ihre Anpassung an den Mann. Sie wurde zwar nie aufgeklärt, übernahm aber dennoch die sexuellen Werte und Normen ihrer Eltern. Sie übernahm eine simple Ansicht über die Sexualität. Für ihre Eltern gab es gute und schlechte Frauen. Die gute Frau, die Ulrike werden sollte, ist eine Frau mit kontrollierten sexuellen Empfindungen. Die schlechte Frau ist die lustvolle Frau. So lernte Ulrike früh, ihre Lust zu unterdrücken.

Schon mehrfach machte ich den Ansatz, in Einzelgesprächen mit der Therapeutin über Sexualität beziehungsweise meine Emp-

findungen dabei zu sprechen. Doch blieb es bei Ansätzen. Für mich war Sexualität bisher die eine Seite, Beziehung die andere: Lange Zeit betonte ich immer wieder, die Beziehung sei zwar abgewirtschaftet, aber Sexualität immer noch schön. Doch wie kann Sexualität, die als eine Fortsetzung des Dialoges zweier liebender Menschen mit anderen Sprachmitteln bezeichnet werden kann, schön sein, wenn der Dialog ein Monolog ist und Liebe nur ein Wort? Warum hatte ich noch Sexualität mit jemandem, klammerte mich an ihn, obwohl er sich für mich gar nicht interessierte, mit seinen Gedanken ganz woanders war?

Sexualität war für mich die Illusion, wenigstens über körperliche Nähe Zuwendung zu erhalten. Doch erlebt habe ich nichts. Am Anfang war die Sexualität schön.

Danach war sie harte Arbeit. Sexualität bestand überwiegend aus dem Ausprobieren von Techniken und glich mehr einem Akrobatikkurs als dem Ziel, Sinnlichkeit gemeinsam zu erleben und zu genießen.

Mir ging es oft so, daß ich wahnsinnige Lust auf den Mann hatte, wenn er abwesend war. War er aber da, hielt die Lust nie lange an, und es breitete sich eher Frustration aus. Mittendrin stellte ich mir die Frage, warum ich eigentlich Sexualität gewollt hatte. Zum Abbrechen hatte ich nicht den Mut, denn ich hatte die Vorstellung, daß es für den Mann nicht gut sei, und zudem paßte es nicht zu meinem Bild einer guten Frau. Wenn schon nicht ich, so sollte wenigstens der Mann etwas davon haben. Meine Körperreaktionen ignorierte ich einfach, was sich durch Schmerzen rächte.

Allmählich bekam ich die Idee, ich sei frigide. In meinem Kopf schwirrten populärwissenschaftliche Abhandlungen über Frigidität. Aber wie kann ich in der Sexualität etwas empfinden, wenn ich den Mann als Bedrohung erlebe?

Dieses Gefühl der Bedrohung habe ich seit meiner Kindheit. Sie ist eng mit meinem Vater verbunden. Mein Vater stellte für mich eine Bedrohung dar, da ich nie wußte, in welchem Zustand er nach Hause kommen würde. Wenn er betrunken war, konnte er redselig und anhänglich, wenn auch lästig sein; oder er fing zu schreien an. Vor diesen massiven Ausbrüchen fürchtete ich mich.

Ich erinnere mich, daß ich noch mit zwölf Jahren in der Küche badete. Mein Vater saß dabei auf dem Sofa und las Zeitung. Mir war das sehr peinlich. Aber meine Mutter sagte nur: »Stell' dich nicht so an, es guckt dir niemand was weg.« Oft saß mein Vater in Unterhosen da oder an warmen Tagen in Shorts mit nacktem Oberkörper. Vor diesem weißen Oberkörper ekelte es mich. Soweit ich mich erinnern kann, tauschten meine Eltern in meinem Beisein kaum Zärtlichkeiten aus. Wenn ja, war es meiner Mutter eher peinlich. Sexualität zwischen meinen Eltern konnte ich mir nicht vorstellen. Meine Sexualität entdeckte ich früh. Ich ging in den Sportverein und zog mich leidenschaftlich gern an den Kletterstangen hoch. Dieses Hochziehen war ab einer bestimmten Höhe mit einem sehr angenehmen Körpergefühl verbunden. Warum, ahnte ich nicht, ich wußte nur, daß es ratsamer wäre, meine Entdeckung für mich zu behalten. Später überraschte uns meine Mutter, als meine Freundin und ich uns streichelten. Ihr Blick sprach Bände, und ihre Worte taten ein übriges, derartige Spielchen zu unterlassen.

Während der Pubertät sank mein Selbstwertgefühl gänzlich. Ich kam mir rückständig vor, da die meisten Mädchen meiner Klasse schon weiter waren. Im Gegensatz zu mir hatten viele Mädchen bereits einen Freund und kamen bei den Jungen aus der Klasse gut an. Ich fiel nicht weiter auf, empfand mich als unattraktiv und häßlich. Im Elternhaus wurde über Sexualität so gut wie nie gesprochen. Aufklärung in irgendeiner Form fand nicht statt. Meine erste sexuelle Erfahrung machte ich erst spät.

Meine Mutter vermittelte mir verbal und nonverbal eine negative Einstellung zur Sexualität. So sagte sie einmal: »Für die wenigen Minuten des Glücks kann man sich sein ganzes Leben verbauen«; oder: »Ein Mädchen wirft sich nicht weg.« Mein Vater warf meiner Mutter in einem Streit ihre sexuelle Unerfahrenheit zu Beginn der Ehe vor. Beide vermittelten unterschwellig die Botschaft, daß es für ein Mädchen ganz schlimm ist, vor der Ehe schwanger zu werden. Wer sich vor der Heirat mit Männern einläßt, ist nichts wert. In der Beziehung habe ich Sexualität mit Liebe verwechselt. Ich tue es für den anderen – also muß er mich lieben.

Frauen unterliegen oft dem Irrtum – und Männer unterstützen diesen Irrtum gern –, daß sie mit Hilfe der Sexualität die Liebe des Mannes erringen und bewahren können. Der Ausspruch Ulrikes »Ich tue es für ihn – also muß er mich lieben« gilt für mehr Frauen als bereit sind, dies einzugestehen. Der Körper als Tauschwert war schon im 19. Jahrhundert ein probates Mittel und wird auch heute von Frauen – wenn auch nicht mehr nur für die Versorgung, so doch im Tausch für die Liebe – eingesetzt. Die Folgen für die Frau sind oft katastrophal und mit unendlichem Leid und Kummer verbunden. Ihr Körper hat sich im Zeitalter der sexuellen Revolution als Objekt mit niedrigem Wert herausgestellt. Die sexuelle Freiheit für die Frau läuft auf ihre Unfreiheit hinaus – zumindest für die Frau, die von einem Macho Liebe erhofft.

Frauen meinen ständig, nicht genug zu geben. Im sexuellen Bereich haben Frauen noch immer das unbestimmte Gefühl, sie schenkten dem Mann etwas. Dieses alte weibliche Verständnis von Sexualität als einem einseitigen Akt des Gebenmüssens verhindert das eindeutige Erkennen und unbefangene Befriedigen eigener sexueller Wünsche. Gleichzeitig befreit es den Mann von seiner Verantwortung in der Sexualität. Tatsächlich muß in jeder sexuellen Beziehung jeder Partner etwas geben, und zwar in einem sehr fundamentalen Sinn. Verantwortung für die sexuelle Lust heißt, man spendet nicht nur sexuelle Lust, sondern empfängt sie auch. Frauen verzichten im allgemeinen auf das Empfangen. Für Frauen hat Sexualität meistens darin bestanden, Kinder zu bekommen und den Mann zufriedenzustellen, welcher ihnen Sicherheit verheißt und vorgibt, sie zu lieben. Sexualität kann jedoch zu etwas anderem werden. Wirkliche weibliche Sexualität darf nicht in den Zusammenhang von Macht und Ohnmacht gestellt werden, kann nicht das Bewährungsfeld des Mannes für sein männliches Prestige sein. Jede Frau muß für sich entscheiden, wie lange sie noch bereit sein will, das Persönlichkeitsgefühl des Mannes im Bett zu pflegen. Aber jede Frau muß auch wissen, daß in diesem Spiel ihr eigener Einsatz zu hoch, der des Mannes zu gering ist.

Väter und Töchter

Es sind zwar meistens die Mütter, die ihre Kinder erziehen, aber in einer patriarchalen Welt erziehen sie – oft ohne es zu wissen und zu wollen – im Auftrag und zur Ehre des Vaters und der Gesellschaft. In ihrer Funktion als Mutter ist die Frau Handlangerin der Vatergesellschaft. Sie hat zwar die Sorge für die »richtige« Erziehung der Tochter, aber auch die Verantwortung, wenn die Erziehung mißlingt. So nehmen die Schuldzuweisungen an die Mutter auch in der Öffentlichkeit einen auffallend breiten Raum ein. Entsprechend wachsen die Schuldgefühle der Mütter. In einer männlich diktierten Welt wird die natürliche Liebe der Mütter zu ihren Kindern mißbraucht. Ihre Liebe macht sie zum beharrlichen Opfer des patriarchalen Systems, denn keine Mutter kann die Liebe zu ihren Kindern leugnen. Männer vertrauen darauf und nutzen ihre Macht.

Aus Liebe zu den Kindern opfern Mütter ihr Leben für den Mann, verzichten auf Authentizität und Selbstbehauptung. Wagt es eine Frau dennoch, sich der Opferrolle zu entziehen, wird sie von der gesellschaftlichen Moral mit der Zuschreibung, eine »schlechte Mutter« zu sein, belegt. Der noch verbleibende Rest ihres Selbstwertgefühls wird durch ihre eigene Schuldzuweisung zerstört und verhindert vollends ihre Emanzipation.

Zur Aufrechterhaltung einer patriarchalen Kultur ist die »richtige« Erziehung von Töchtern, den späteren Müttern, die entscheidende Grundlage. Sollte diese einmal gefährdet sein, wird sich das System in sich auflösen, denn Töchter und Mütter sind die eigentlichen Machtgewährenden, die, eingezwängt in die Regeln einer Männerkultur, sich ihrer realen Potenz niemals bewußt werden können – zum Wohle und Wehe des bestehenden Systems. Für die »richtige« Erziehung einer Tochter ist in einer Vatergesellschaft der Vater von maßgebender Bedeutung. In seiner Eigenschaft als Mann – als Vertreter Gottes auf Erden – bestimmt der Vater über die Zukunft seiner Tochter als Frau. Er ist der erste Mann im Leben seiner Tochter, auf ihn ist sie schon als kleines Mädchen fixiert. Der Vater bestimmt entscheidend, ob sie sich als Mädchen schön oder häßlich, gleich- oder minderwertig, intelligent oder dumm fühlt, ob sie sich als sexuelles Wesen empfindet und sich in ihrem Körper wohl fühlt.

Die meisten Väter nehmen ihre Verantwortung für die Tochter nicht ernst – und sie wollen sie auch nicht wahrhaben. Töchter werden von ihren Vätern beherrscht, ignoriert, verachtet, gehänselt, sexuell mißbraucht, wie eine Puppe behandelt, klein und dumm gehalten, lächerlich gemacht und bloßgestellt. Ihre Intimsphäre wird verletzt, ihre Gefühle werden übergangen. Der Vater wird als unberechenbar, manchmal lieb und manchmal grausam empfunden, als jemand, der kein Gefühl dafür hat, was sich in einem anderen Menschen abspielt, der seine Tochter als Spielzeug und als Ventil gebraucht, der keinen Respekt vor ihrer Seele und keine Ahnung von ihrem wahren Wesen hat.

Von Anfang an wird eine Tochter auf Gefühlsarbeit hin erzogen. Zuerst, um die Mutter nicht zu verunsichern, und später, um dem Vater zu gefallen. Die Sensibilität für die Befriedigung der Bedürfnisse anderer wird geschult; gleichzeitig wird das Gefühl für die eigenen Bedürfnisse unterdrückt. So lernt das Mädchen nie, bewußt zu fühlen, wer sie eigentlich ist. Dabei werden die natürlichen Zärtlichkeits- und Nähebedürfnisse der Tochter ausgenutzt. Sie empfindet, daß andere einen Anspruch auf eben diese Gefühle und Bedürfnisse stellen können. Die Aufforderung des Vaters »Du hast deinen Vater doch lieb« ist die Zauberformel für das Mädchen. Dafür tut sie alles, vergißt sich selbst – bekommt aber in den meisten Fällen außer einer kurzfristigen, väterlich wohlwollenden Liebkosung nichts. In den Augen des Vaters lernt die Tochter, sich ihres Äußeren zu bedienen, um ihr inneres Geschlecht zu kennzeichnen nach dem Motto »Ich gefalle, also bin ich«. Dabei lernt sie nicht zu unterscheiden, was sexuell und was nicht sexuell ist. Das kleine Mädchen, dem die Kindheitssexualität abgesprochen wird, dem kein Geschlecht zuerkannt wird, das verzweifelt, wird seine Sexualität verlagern. Es wird alles sexualisieren: seinen Körper, den es weiblich will, seine Handlungen, die seiner zukünftigen Rolle entsprechen sollen, seine Sprache, die verführerisch wird; so weit, daß sie später als Erwachsene ihren gesamten Körper als Sexualsignal verstehen und sich seiner schämen wird. Besonders wenn Töchter in die Pubertät kommen und offensichtlich zur Frau werden, werden sie im Stich gelassen. Weder Mütter noch Väter gehen damit behutsam um. Das heranwachsende Mädchen befindet sich in einem emotionalen Sturm und hat keinen beständigen Orientierungspunkt. Männer stellen nicht die emotionale Stabilität zur Verfügung, an die sich ein Mädchen in ihren frühen Ablösungskämpfen halten kann.

Ihre Wut und Verzweiflung über die mißlungene Vaterbeziehung drückt Birgit in ihrer Analyse aus. Sie ist heute eine erwachsene Frau, die studiert hat und im Leben sehr tüchtig ist. Rational kann sie sich vieles erklären, aber die tiefe Wunde in ihrem Gefühl ist geblieben. Noch heute, mit 34 Jahren, ringt sie um die Anerkennung ihres Vaters – jede Lebensäußerung ist von diesem Ziel durchdrungen. Der Schmerz und die anhaltende Verzweiflung über das »Es reicht nie« ihres Vaters übertönt jede Beziehung zu einem Mann. Sie ist zutiefst verunsichert in ihrer Beziehung zu Männern, sie weiß bis heute nicht, was richtig und gut ist, sie kann die Beziehungsrealität beim Mann nicht einschätzen, sie hat ihre individuelle Orientierung verloren, oder besser: in ihrer Kindheit nicht finden können.

Ich bin eine Frau und ich habe einen sexuellen Körper. Für mich sollte das bedeuten: Ich fühle mich lebendig, ich bin sinnlich, ich genieße, ich lebe lustvoll in und mit meinem Körper und stehe ganzheitlich mit all meinen Gefühlen und Sinnen im Leben. Aber die Tränen der Wut steigen in mir auf, während ich das aufschreibe. Denn das, was ich sein sollte, das kann ich nicht leben – noch nicht. Nicht nur verstandes-, sondern auch gefühlsmäßig weiß ich heute schon, daß ich es anstrebe, so zu leben, wie ich es mir vorstelle – und das auch lernen werde. Jedoch hindere ich mich selbst bis heute daran, mein Leben verantwortlich in die Hand zu nehmen. Davor stehen meine Zwänge, meine Moral, meine Unsicherheit, meine Scheinheiligkeit – alle mit einem bestimmten Sinn und Zweck in meinem bisherigen Leben. Und über allem steht das Ziel, um jeden Preis Anerkennung zu erlangen oder gewährte Anerkennung nicht zu verlieren.

Meine eigene Mutter hat die Familie verlassen, als ich zweieinhalb Jahre alt war. Sie hielt es mit meinem Vater nicht mehr aus und hatte einen neuen Mann. Zunächst nahm sie mich mit, aber nach drei Wochen war ich ihr doch zuviel. Sie wollte mit ihrem neuen Mann allein sein und schickte mich zu meinem Vater und meinem dreieinhalb Jahre älteren Bruder zurück. Schon damals habe ich erfahren, daß der Mann das Wichtigste im Leben einer Frau zu sein hat und daß für ihn andere Frauen stehengelassen werden. Eine Frau muß für den Mann ganz frei sein und sich total auf ihn konzentrieren können.

Nachdem meine Mutter gegangen war, wurde mein Vater für mich die wichtigste Person in meinem Leben. Nicht nur ich habe ihn dazu gemacht, auch er selbst hat sich mit aller Macht, die ihm zur Verfügung stand, in den Mittelpunkt gedrängt. Wenn ich gelogen hatte und mein Vater bekam es heraus – leider meistens –, gab es erst Schläge mit der flachen Hand auf die Oberschenkel (das brennt besser). Damit nicht genug, ich mußte mich zur weiteren Demütigung auch noch entschuldigen. Mein Vater war immer der Herrscher in der Familie, und seit meine Mutter weg war, redete ihm ja keiner mehr dazwischen. Er bestimmte alles: den Tagesablauf, was wir zu tun und zu lassen hatten, unsere Kleidung, unsere Spielsachen, mit welchen Kindern wir spielen durften – wir waren sein Besitz. Als Kind mußte ich meinen Vater lieben, und ich tat es auch. Aber ich habe ihn auch gefürchtet – ich war abhängig und hatte keine Chance.

Töchter lernen schon sehr früh, zum Vater auf eine besondere Weise in Beziehung zu treten, wobei ein wichtiger Teil darin liegt, ihm zu gefallen. Weiterhin lernen sie, daß sie nicht versuchen dürfen, ein Verhalten zu zeigen, das seine Autorität in Frage stellen könnte, und daß sie nicht zuviel Selbständigkeit und Energie demonstrieren dürfen. Um meinem Vater zu gefallen, mußte ich ein niedliches, kleines Mädchen sein: weich, warmherzig, kuschelig, verschmust, anhänglich, lebendig und »bezaubernd«. Lange Zeit wollte ich ihn heiraten –

wenn ich einmal groß bin –, weil er doch so allein und verlassen war. Dabei haben sich viele Frauen um ihn beworben. Ich war schon früh sehr eitel und auf mein Äußeres bedacht. Es gibt ein Foto von mir, fünfjährig, wo ich bäuchlings auf einem Kissen posiere, nackt, die Arme vorn aufgestützt, die Haare in den Nacken geworfen und meinen Vater anlächelnd. Er hatte mich fest im Griff. Wenn er manchmal spätabends müde nach Hause kam und fror, holte er mich meistens aus meinem Bett und packte mich in sein kaltes, damit ich ihm als Heizkissen diente.

Mittags mußte ich immer schlafen, und wenn er mich wach erwischte, gab es einen »Backs«, damit ich mich in den Schlaf weinte. Nachher war mein Vater dann immer sehr stolz auf das Ergebnis: »Siehst du, ich wußte doch, daß du müde warst, und wenn du nicht schlafen willst, dann muß ich eben nachhelfen.« Überhaupt gab es immer gleich Schläge, wenn ich etwas tat, was ihm nicht paßte, oder ein furchtbares Kreuzverhör, wenn er etwas herausbekommen wollte, und er wollte immer über alles Bescheid wissen, alles mußte er kontrollieren. Mit 15 Jahren schlug er mich derartig brutal zusammen, daß ich eine Verletzung im Gesicht hatte und aus der Nase blutete. Ich hatte wieder nicht nach seiner Pfeife getanzt und mich ihm entzogen. Außerhalb der Schläge gab es selten Tränen – die mochte er nicht. Selbst wenn ich mich verletzt hatte, wurde ich sofort abgelenkt, damit ich aufhörte zu weinen. Ich mußte lernen, tapfer zu sein.

Als kleines Mädchen erlebte ich sehr bald, daß Teile von mir unannehmbar sind. Ich wußte, daß ich, um Liebe und Anerkennung zu bekommen, nur eine bestimmte Seite von mir zeigen durfte. Meine Gefühle, meine Enttäuschungen mußte ich verstecken; ich mußte meinen Kampfgeist – ja, ich mußte mich selbst verbergen. Ich lebte in dem Gefühl, daß etwas an mir nicht stimmt und daß etwas mit dem, was ich brauchte und wünschte, nicht stimmt. Ich begann, mich unecht zu fühlen, wurde unsicher in meinen Reaktionen und distanzierte mich von meinen Wünschen. Nach außen paßte ich mich immer mehr an, ich wurde selbstgenügsam und tüchtig. Das wurde anerkannt, aber ich fühlte mich wie eine Betrügerin, weil meine

Außenseite mit meinem inneren Gefühl nicht übereinstimmte. Deshalb war ich immer sehr froh, wenn mein Vater verreiste und ich einige Zeit entspannt leben konnte.

Andererseits hat er auch die Besonderheit in unser Leben gebracht. Er nahm mich schon mit fünf Jahren mit ins Konzert, er fuhr mit uns ans Meer, in die Berge, er schenkte uns einen Esel, er zeigte uns schon früh das Skilaufen und und und …

Da er immer bestrebt war, anders zu sein als andere und aus der »Masse« herauszuragen, hatte auch alles, was er unternahm, den Hauch des Besonderen, des Ausgefallenen. Das war eine Anordnung, und wir mußten mitmachen, auch wenn wir es anstrengend fanden. So ordnete er auch meine Bedürfnisse an und bestimmte sie. Widerstand machte ihn immer unwillig und zornig – bis heute –, nur damals hatte er die Macht und nutzte sie weidlich aus.

Ich lebte von klein auf immer in dem Gefühl, daß ich noch nichts war, daß ich erst etwas werden sollte – nämlich eine Frau. Und je älter ich wurde, um so mehr strebte ich dahin. Mit fünf Jahren hatte ich schon kein normales Verhältnis mehr zu meinem Körper. Im Sommer konnte ich in Haus und Garten nackt herumlaufen. Befremdlich fand ich allerdings, daß ich plötzlich einen Badeanzug anziehen sollte, wenn Freunde meines Bruders kamen. Es sollte niemand wissen, daß wir nackt im Schwimmbad badeten.

Mein Bruder zeigte mir manchmal abends, wenn wir uns wuschen, was er alles mit seinem Penis machen konnte, was ich sehr spannend fand. Wir achteten allerdings darauf, daß unser Vater uns dabei nie erwischte. Mich dagegen untersuchten wir nie – es gab ja auch nichts zu sehen. In der Zeit hatte ich eine Freundin. Wir spielten am liebsten: Mutter bestraft ihre unartige Tochter, indem sie sie an den Genitalien kitzelt. Auch das spielten wir nur, wenn wir sicher wußten, daß wir alleine waren. Nicht einmal mit anderen Mädchen sprachen wir darüber – das wäre peinlich gewesen. Wir wußten, daß dieses Spiel »schmutzig« war, aber wir wußten nicht, warum.

Fünf Jahre hatten wir mit unserem Vater allein gelebt. Ich war neun Jahre alt, als mein Vater meine Stiefmutter heiratete. Ich war entthront, und meine Wut darüber habe ich nicht an meinem

Vater ausgelassen, sondern an meiner Stiefmutter. Sie hat meinen geballten Haß erfahren, weil sie mir den Vater weggenommen hatte. Mein Vater, der mich dann in der Tat wegschob, wurde geschont und entschuldigt. Als ich mit 14 Jahren in die Pubertät kam, meinte er: »Jetzt wirst du eine Frau, da müssen wir ja noch mehr auf dich aufpassen.« Und später einmal: »Wenn wir dich nicht so an der Kandare gehabt hätten, hättest du mit 16 Jahren schon ein Kind bekommen.« (Kandaren benutzt man bei Pferden zur Dressur, um ihnen den fremden Willen aufzwingen zu können.) Genau diese Unterstellung, ich sei leichtfertig, schön und dumm, knebelte mich. Ich konnte mich mit meiner Entwicklung zur Frau überhaupt nicht richtig befassen, weil ich schon vorab als schmutzig und nuttig abgestempelt wurde. Ich sollte mich eben zu einer »anständigen« Frau entwickeln. Außerdem wollte mein Vater mich nicht als Spielpuppe verlieren. Als ich nicht mehr auf seinem Schoß sitzen wollte, zwang er mich dazu, oder er war beleidigt und machte scharfe, ironische Bemerkungen dazu. Meine Zöpfe mußte ich sehr lange behalten, er bestimmte, wann sie abgeschnitten wurden. Meine Kleidung blieb kindhaft, einen Büstenhalter mußte ich mir erst erkämpfen.

Eine Intimsphäre gab es für mich in unserem Hause nicht, überall wurde ich kontrolliert, was zur Folge hatte, daß ich so viel wie möglich heimlich machte. Der einzige Raum, den ich ungestraft abschließen konnte, war das Klo. Es gab auch keinen Respekt vor meiner Schamhaftigkeit. Sie wurde lächerlich gemacht, als ich mich körperlich zu entwickeln begann. Mein Vater zwang mich zum Beispiel, nackt mit meiner Stiefmutter am Strand Ringtennis zu spielen, während er uns filmte. Überhaupt widerte mich auch zu Hause diese verordnete Nacktheit zunehmend an. Sie hatte nichts mit Freizügigkeit zu tun, sondern ging einher mit Prüderie und totaler sexueller Verklemmtheit. Denn meinen Vater über Sexualität zu befragen bedeutete, sich einen akademischen Vortrag zuzumuten. Spätestens in dieser Zeit begann ich, mich vor dem männlichen Geschlecht zu ekeln. Wenn wir sonntags morgens zu den Eltern ins Bett kommen mußten, versuchte ich, den Platz neben meiner Stiefmutter zu erwischen. Mein Vater hatte nie eine Hose an, und mich ekelte es, mit ihm in Berührung zu kommen. Beklemmend war auch die Sprachlosigkeit, die mit diesen

Begebenheiten einherging. Was ich nicht wollte, durfte ich ohne ablehnende Reaktion nicht benennen, so daß ich auf die Idee, etwas wollen zu können, gar nicht erst kam oder diese Wünsche schon vorab als schmutzig und peinlich wegsteckte.

Meinem Vater hat die Lüsternheit immer aus allen Knopflöchern geschaut, und gleichzeitig fand ich ihn total verklemmt. Er hat mich, was Freundschaften zu Jungen anbelangte, so geknebelt, daß sexuelle Regungen bei mir gar nicht erst aufkamen und ich mir den Geschlechtsverkehr nur als abstoßend vorstellen konnte. Passend dazu war seine Moralpredigt, alle Männer seien Vergewaltiger, außer ihm natürlich und dem zukünftigen Schwiegersohn, für den ich meine Jungfräulichkeit bewahren solle. Als ich dann die ersten Nächte bei meinem Freund verbrachte, »brav« jeden Verkehr vermeidend, fragte mein Vater auch gleich, ob wir denn heiraten wollten, denn das Beste an mir sei ja nun weg. Offiziell war ich eine Tochter aus »gutem Hause«, aber das gute Haus war die Hölle!

Heute bin ich lange erwachsen, stehe auf eigenen Füßen – und lebe weitestgehend wie in meiner Kindheit. Mein Vater könnte tot sein – der Lebensplan und der Lebensstil, den ich in der Beziehung zu ihm aufgebaut habe und lebe, bleibt unabhängig von seiner Person bestehen, solange ich nicht selbst etwas verändere. Den Mangel an Lebensgefühl, den dieses Konzept beinhaltet, beginne ich in allen Situationen zu spüren, vor allem in Situationen mit Männern, die mir etwas bedeuten. Auch bezogen auf die Sexualität erlebe ich dieses Mangelgefühl. Ich sehne mich nach Zärtlichkeit, körperlicher Berührung und Zuneigung. Und ich habe Angst davor, in diesen Gefühlen und Wünschen ausgenutzt zu werden. Meine sexuellen Bedürfnisse lebe ich gerade noch in der ersten Verliebtheitsphase aus, danach setzt das alte Muster des Mißtrauens und der Abwehr wieder ein.

Bisher habe ich versucht, diesen Mangel auszugleichen, indem ich mich in diverse Aktivitäten stürze, mich von diesen Gefühlen ablenke und sie verdränge. Den Mangel zuzulassen und mich mit ihm auseinanderzusetzen bedeutet, die geschilderten Bedürfnisse bewußt und körperlich wahrzunehmen und mich ihnen zu stellen. Damit verbinde ich Fragen wie:

- *Wie sehr mache ich meine Attraktivität und mein Selbstwertgefühl von der Anerkennung eines Mannes abhängig?*
- *Wieweit kann ich dazu stehen, eine Frau zu sein mit einem sexuellen Körper, mit sexuellen Bedürfnissen und mit dem Wunsch, sinnlichen Genuß zu begehren?*
- *Welche Wege finde ich, diese Bedürfnisse zu stillen, unabhängig von den Bedürfnissen und Ansichten anderer?*
- *Wie will ich überhaupt mein Leben in die Hand nehmen und Entscheidungen treffen?*

Den Mangel wegzudrängen bedeutet, die Unsicherheit im Lebensgefühl zu manifestieren. Bisher fühle ich mich meinen Gefühlen und meinen Bedürfnissen noch ausgeliefert. Sie zu haben und zu zeigen bedeutet für mich immer noch, anderen Macht über mich zu geben, so daß sie mich für die eigenen Ziele ausnutzen und Anforderungen an mich stellen können (»Du kannst doch! – Siehst du, ich habe es doch immer gewußt, du willst bloß nicht. – Brave Tochter, liebes Kind. – Ich weiß doch, was für dich gut ist . ..«). Sicherheit in meinem Tun kann ich nur durch die eigenen Gefühle gewinnen, indem ich sie nicht als Schwächung, sondern als Stärkung meines Selbstwertgefühls anerkenne.

Es gibt sehr viele Frauen mit dieser Vaterwunde, dieser instabilen Gefühlskonstellation: Frauen, die sich sehr viel vorgenommen haben in ihrem Leben, die begabt sind und deren Fähigkeiten hohe berufliche Qualifikationen erlauben würden, die jedoch zumeist an irgendeinem Punkt verzweifeln. Sie quälen sich ihr Leben lang in ihren Partnerschaften mit Männern herum. Niemals finden sie ein ausgewogenes Gleichgewicht zwischen ihren eigenen Bedürfnissen und denen des Mannes. Sie pendeln wie Heimatlose von einem Ufer zum anderen. Und heimatlos sind sie in der Tat, denn sie können ihr eigenes Zentrum nicht finden.

Solange Frauen gefühlsmäßig kleine Mädchen bleiben, einen imaginären Vater verehren, leugnen sie ihre Verantwortung für sich und ihr eigenes Leben. Damit negieren sie die Möglichkeit von Veränderung und Entwicklung. Frauen müssen beginnen, die Opferhaltung aufzugeben, damit sich die kindlichen erstarrten Gefühle zu erwachsenen und wandelbaren entwickeln können. Erst wenn sie diesen Vorgang bei sich selbst zulassen und wünschen, beginnen sie sich selbst in den Mittelpunkt ihres Lebens zu stellen und nicht mehr den Vater oder stellvertretend irgendeinen Mann. Erst dann haben Frauen die Freiheit der Wahl und bleiben nicht länger gefangen in der patriarchalen Weltordnung. Noch heute ist die ungelöste Beziehung zwischen Vätern und Töchtern ein Beispiel für die Tragödien des patriarchalen Systems. An dem Ort, wo Menschen zu Freiheit und Selbstbewußtsein erzogen werden sollten, werden Töchter zu Untertanen geformt. Da man davon ausgehen kann, daß kein Mensch seine Macht und seine Sonderposition freiwillig aufgeben wird, müssen Frauen beginnen, diese Realität zu erkennen und sich an der Verleugnung nicht länger beteiligen. Damit würden die Mütter zwar Störenfriede der männlichen Weltordnung, aber gleichzeitig zu einer schöpferischen Kraft im Sinne einer humanen Welt.

Die Liebesdienerin im modernen Patriarchat

Frigide Männer haben keine Macht, frigide Frauen kein Gefühl

Als Frauen des modernen Patriarchats haben Marion und Beate bei sich eine ähnliche Gefühlsproblematik festgestellt: Frigidität und mangelnde Selbstverwirklichung. Beide wollen sich damit auseinandersetzen, wie sie als Frauen mit ihrer eigenen Sexualität umgehen.

Marion lebt zwar in einer Partnerschaft, aber sie hat keine Lust mehr zur Sexualität. Ihre berufliche Entwicklung nimmt sie nicht ernst genug. Beate verwechselt Ich-Expansion mit Aggression, sie kann sich nirgends durchsetzen. Ihre berufliche und persönliche Entwicklung nimmt wenig Raum ein; mit Männern hat sie nach leidvollen Erfahrungen kaum mehr etwas zu tun.

Das Geheimnis der Frigidität

In einer männlich strukturierten Gesellschaft wird das Grundbedürfnis Sexualität nach rein männlichen Maßstäben gemessen. Das bedeutet, sie ist eingegliedert in das Leistungsbewertungssystem von »sehr gut« bis »sehr schlecht«. Sexualität ist der Maßstab für Männlichkeit und Weiblichkeit überhaupt. Mann und Frau bewerten sich nach ihrer sexuellen Leistung – nicht nach ihrer Erlebnisfähigkeit. Entsprechend betrachtet und bezeichnet man die Erlebnisunfähigkeit beider Geschlechter. Die der Frau wird als Frigidität bezeichnet; der gleiche Mangel beim Mann heißt »Impotenz«. Schon die unterschiedlichen Bedeutungsebenen dieser Begriffe implizieren eine Polarisierung der Geschlechter. Diese Bewertung trifft bei der Frau die Gefühlsebene, beim Mann die Machtebene.

Es ist bis heute nicht wirklich gelungen, sich von den alten Denkvorstellungen über die Geschlechter zu lösen. Selbst moderne psychologische Theorien und Konzepte erweisen sich bei genauerem Hinsehen als Neuauflage einer zwei Jahrtausende alten Tradition: Das Weibliche als das Negativ des

Männlichen, der Mann als übergeordnetes Bezugsmodell. Wenn eine Frau in der Sexualität nichts erlebt, ist sie der Eisblock; wenn der Mann keine erotischen Gefühle hat, ist er »ohne Macht«, auf die er doch von Geburt an einen Anspruch hat. Männer formulieren weibliche Frigidität als »Du willst nicht«, ihre eigene Impotenz als »Ich kann nicht«.

Zunächst ist es ein Faktum, daß Frigidität existiert. Sie kann definiert werden als »... Hemmung des sexuellen Verlangens und der sexuellen Erregungs- und Empfindungsfähigkeit, die eine regelmäßige körperliche und gefühlsmäßige Befriedigung in der Sexualität nicht zuläßt« (Hilde Kronberg)[19]. Laut statistischen Erhebungen aus den USA (Kinsey-Report 1954) gelangt etwa die Hälfte aller Frauen im Liebesakt nicht zum Orgasmus. Ein so geartetes Liebesleben bedeutet eine Einengung und Verstümmelung der Autonomie der Persönlichkeit. Die traditionelle Deutung des Phänomens ist eine Deutung von Männern. So hat sich Sigmund Freud zwar über die Tabuisierung der weiblichen Sexualität hinweggesetzt, sie aber aus seiner männlichen Sicht erklärt. »Die sexuelle Frigidität des Weibes ist ein erst ungenügend verstandenes Phänomen. Manchmal psychogen und dann der Beeinflussung zugänglich, legt sie in anderen Fällen die Annahme einer konstitutionellen Bedingtheit, eines anatomischen Faktors nahe« (Hilde Kronberg)[20]. Nach Freud wird die sexuelle Entwicklung des Mädchens entscheidend durch das Trauma des anatomischen Geschlechtsunterschiedes geprägt. Das Mädchen fühle sich durch den Penismangel schwer beeinträchtigt. In der psychoanalytischen Terminologie wird dies als Penisneid bezeichnet. Die Klitoris wird als verkümmertes Penisäquivalent gesehen. Aus diesem anatomischen »Defekt« wird die Unterlegenheit der Frau abgeleitet. Ihr Bestreben sei es, diesen Defekt zu kompensieren. Erst mit dem Penisneid beginnt die spezifisch weibliche Sozialisation. Folgende Aussage, mit der Freud seine Vorlesung über die Psychologie der Frau abschließt, belegt seine Gesamteinschätzung der Weiblichkeit: »Das ist alles, was ich Ihnen über die Weiblichkeit zu sagen hatte. Es ist gewiß unvollständig und fragmentarisch, klingt auch nicht immer freundlich. Vergessen Sie aber nicht, daß wir das Weib nur insofern beschrieben haben, als sein Wesen durch seine Sexualfunktion bestimmt wird. Dieser Einfluß geht freilich sehr weit, aber wir behalten im Auge, daß die einzelne Frau auch sonst ein menschliches Wesen sein mag« (Heinz L. Ansbacher)[21].

Alfred Adler sieht in der Konstruktion des Penisneides lediglich eine Symbolik für die Vorrangstellung des Mannes in unserer Kultur. Die Individualpsychologie betrachtet Frigidität als ein Gefühlsproblem der Gesamtpersönlichkeit. Einerseits akzeptiere die Frau die gesellschaftliche Wertung von »männlich« = stark und überlegen und »weiblich« = schwach und unterlegen; andererseits rebelliere sie aus ihrem realen Unterlegenheitsgefühl heraus und bekämpfe den Mann. Adler hat, im Gegensatz zu Freud, die Gleichwertigkeit der Frau postuliert; gleichwohl wird Frigidität in der Adlerschen Individualpsychologie als spezifisch weibliches Problem angesehen und nicht als ein Konflikt zwischen Mann und Frau gedeutet, der er ja ist. So wird die Auflehnung der Frau, die sich in der Übernahme männlicher Charakterhaltungen wie Aggression und der Ablehnung aller als weiblich geltenden Gefühlsregungen manifestiert, von männlichen Psychologen als eine Protesthaltung mit neurotisch-nervöser Disposition interpretiert.

Gefühlskälte der Frau als ein von Männern konstatierter Befund – ein bezeichnendes Beispiel für männliche Logik: Sind es sonst die Frauen, denen Emotionen zugeschrieben werden, so spricht ihnen der Mann sie gerade in diesem Bereich ab. Tatsächlich müssen wir die so verstandene Frigidität der Frau als eine dem Vorwurf dienende Konstruktion des Mannes zum Schutz seiner Potenz und zur Erhöhung seines Selbstwertgefühls erkennen; indem er die beidseitige Beziehungsproblematik der Frau anlastet, bewahrt er für sich das Bild vom potenten Liebespartner. Hierauf werden wir später noch eingehen. Für uns ist zunächst die Frage wichtig, worin die Gründe und Ursachen für die Anfälligkeit und Bereitschaft der Frauen liegen, solchen vom Mann an sie herangetragenen Werturteilen wie »Du bist gefühlskalt!« recht zu geben und sich dieses Urteil zu eigen zu machen.

Anerkennung durch Anpassung

Die psychischen Grundlagen für diese Einstellung werden in der frühen Sozialisation gelegt. Die Tochter erfährt von der Mutter die Vorbereitung auf ihr späteres sexuelles Verhalten. Schon als kleines Mädchen erlebt sie die Wirkung der magischen Formel: Anerkennung durch Anpassung. Dieser Grundsatz bestimmt ihre sexuelle Lust und Erlebnisfähigkeit. Wie die Erziehung zur »guten Tochter« und ihre leidvollen Auswirkungen heute aussehen, beschreiben Marion (1) und Beate (2).

(1) *Bis heute weiß ich nicht, was eine erfüllte Sexualität bedeuten könnte. Meist sehe ich sie abgespalten, wie losgelöst vom alltäglichen Leben. Dabei ist gerade die Verbindung zwischen meinem allgemeinen Lebensgefühl und meiner Sexualität von großer Bedeutung. In der Kindheit habe ich in meinem religiösen Elternhaus alle gesellschaftlichen und moralischen Werte erfahren und trainiert, immer mit dem Ziel, die »gute Tochter« zu sein. Dazu gehört auch der Wert des sittsamen und prüden Mädchens, das schon fast zur Hure wird, wenn es einen Lippenstift benutzt.*

Auch die Entwicklung zur unabhängigen Identität hielt meine Mutter nicht für wichtig, sondern daß ich einen »Mann abbekomme« und meinen künftigen Beruf als Lehrerin mit familiären Pflichten gut verbinden kann. Aus der Erfahrung, daß meine Mutter sich ohne Mann sehr verlassen, einsam und traurig fühlte und viel darüber klagte, entstand mein Lebensplan: Bloß nicht so trostlos leben wie sie. Ich werde mir das Leben mit Mann einrichten.

Mein größtes Bestreben ist es, nicht verlassen zu werden, also den Mann zu halten, damit mir nicht das gleiche »elende Schicksal« widerfährt wie meiner Mutter. Um dieses Ziel zu erreichen, bin ich sehr auf meinen Partner fixiert, vernachlässige meine berufliche Entwicklung und die Beziehung zu Freunden. Dadurch beschneide ich meine eigenen Bedürfnisse, die Lebendigkeit verschwindet und somit auch die Lust zur Sexualität. Damit gebe ich all den Werten meiner Mutter recht. Ich habe dann zum Beispiel entweder gar keine Lust zur Sexualität oder fühle mich beim Liebesakt sehr kontrolliert, kann mich nur schwer fallenlassen und erlebe auch keinen Orgasmus. Ich habe aber auch die Erfahrung gemacht, daß sich die Lust sofort einstellt, wenn ich mich anders orientiere, meine Bedürfnisse wahrnehme und zu mir und meinen Gefühle stehe.

Die gemeinsam-einsam eingerichtete Partnerschaft ist wie eine Flucht vor den wirklichen Aufgaben des Lebens. Man kann sie auch »Schutz- und Trutzgemeinschaft« nennen, in der man sich zusammentut und sich einig ist gegen den Rest der Welt. Ich bin somit vor den Konfrontationen des Lebens etwas geschützter, da ich ja immer einen Mann an meiner Seite habe und nicht so allein dastehe. Häufig verwechsle ich Interesse und echtes Verständnis für den Partner mit: »Ich muß alles akzeptieren, mich noch mehr zurücknehmen« und bekomme eine Wut. Alle schlechten Gefühle, die meiner Meinung nach die Harmonie in der Partnerschaft stören, verdränge ich. Auf die Situationen, die mir nicht gefallen, reagiere ich zunächst stumm, revanchiere mich dann aber im Bett, nach dem Motto: »Verstehst du mich nicht oder sprichst du nicht mit mir, schlafe ich nicht mit dir.«

Da ich mich ausschließlich auf den Mann fixiere, indem ich mein Gespür wie Antennen auf ihn ausrichte, können keine neuen Eindrücke in die Partnerschaft fließen. Meine Lebensfreude ist dann getrübt, und es entsteht Langeweile, die regelrecht zur Lähmung, zum »Winterschlaf in der Liebe« führt.

(2) *Bisher hatte ich meine Mutter als meine beste Freundin empfunden. In der Kindheit war meine Beziehung zu ihr durch große Abhängigkeit gekennzeichnet.*

Um ihre Anerkennung zu bekommen, habe ich alles unternommen. Ich habe vergeblich versucht, aus diesem Motiv heraus meinen jüngeren Bruder zu gewinnen, war angepaßt »brav«, eine gute Tochter, eine aufmerksame Hilfe im Haushalt und eine geduldige Zuhörerin all ihrer Kümmernisse. Mein Vater stand eigentlich immer außerhalb, nicht allein wegen seines Berufes, der ihm nur erlaubte, am Wochenende zu Hause zu sein. Das Verhältnis zwischen meinen Eltern war schwierig, nicht nur wegen des großen Altersunterschiedes. Ich kann mich nur allzu deutlich an lautstarke nächtliche Auseinandersetzun-

gen und tagelang schwelenden Haß erinnern. Meine Mutter vermittelte mir, wie schwer das Frauenlos sei, und ihre Betrachtungen schloß sie oft mit dem Wunsch: »Ach, wäre ich nur ein Mann, dann hätte ich es leichter.« Sie sagte mir, Männer erschwerten nur das Leben einer Frau; es sei besser, alleine zu bleiben, obwohl sie das nie praktiziert hat. Es sei besser, die Ausbildung zu beenden und sich dann einen Mann zu suchen. Der Mann störe nicht nur die eigene Entwicklung, auch die Sexualität ginge am besten allein.

In der Pubertät fing ich an, mir Gedanken um mein Gewicht, um Diäten zu machen, in der Hoffnung, wenn ich erst rank und schlank wäre, würde das Leben richtig losgehen. Auf meinen ersten Freund reagierten meine Eltern mit Unverständnis und Eifersucht. In meinen späteren Beziehungen zu Männern wiederholte sich immer ein ähnliches Muster: Zunächst war ich dankbar, daß sich ein Mann für mich interessierte. Ich habe Zuneigung mit Sexualität »eingekauft«, gleichgültig, was vorher alles gelaufen und – vor allem – nicht gelaufen war. Einerseits versuchte ich immer, es dem Mann recht zu machen, andererseits war immer das lähmende Gefühl da, irgendwann doch allein gelassen zu werden. In der Sexualität habe ich bisher nicht die Erfahrung gemacht, was Hingabe überhaupt bedeutet. Lieber habe ich mein Heil in der Distanz gesucht. Ich kenne gerade in der Sexualität die Angst, daß, wenn ich mein wahres Ich zeige, der Mann sich abwenden wird oder gar nicht damit umgehen kann.

Der Mann braucht den Befund der weiblichen Frigidität zur Demonstration und Wahrung seiner persönlichen Überlegenheit. Und Frauen, wie die Beispiele von Marion und Beate zeigen, bestätigen diesen ihnen angelasteten Makel der Gefühlskälte mit ihrer in der Kindheit trainierten Anpassungsbereitschaft. Sie stellen sich bereitwillig als schuldhafte Verursacherinnen des sexuellen Mißstandes zur Verfügung. Frauen wagen es nur selten, Bedürfnisse und Ansprüche an den Mann zu formulieren, anzudeuten, daß ihre sexuelle Lustlosigkeit auf die fehlende Bereitschaft des Mannes zurückzuführen sein könnte, sich wirklich auf die Frau einzustellen. Frauen wagen es nur selten, den guten Liebhaber anzuzweifeln oder diesen gar einzufordern.

In der Partnerschaftsberatung stellt sich immer wieder heraus, daß der Mann besonders dann Sexualität wünscht, wenn die Partnerin eher lustlos ist. Der Mann klagt an, ist als Benachteiligter mithin »der Gute« und erntet gleichzeitig mit seiner Demonstration sexueller Bereitschaft die Lorbeeren männlicher Vitalität.

Die sexuelle Revolution in den sechziger Jahren hat der Frau mehr Freiheit gebracht und ihr Möglichkeiten zu eigener Aktivität im Geschlechtsleben eröffnet. Jetzt, wo sie beginnt, ihre sexuellen Wünsche anzumelden, wendet sich das Blatt. Es kommt zu den vielbeklagten sexuellen Störungen auf seiten des Mannes: erektive Dysfunktion, also Impotenz. Diese Schwäche impliziert eine klare Aufforderung an die Frau: »Kümmere dich um mich und meine versagende Männlichkeit!« Von der Frau wird dieser Appell verständnisvoll aufgenommen. Die alten Verhaltensmuster haben die sogenannte sexuelle Revolution unbeschadet überdauert. Die Frau versteht die Kränkung des impotenten Mannes in unserer maskulinen Kultur nur allzu gut und wird aktiv. Mit Eifer, Sorge, Nachsicht und viel Mitgefühl baut sie den Mann buchstäblich wieder auf, bis er in der Männlichkeitsskala auf seinen Normalwert zurückgekehrt ist. Der Kreislauf hat sich erneut geschlossen, die männliche Vorherrschaft ist wiederhergestellt. Das Blatt hat sich nur vordergründig und vorübergehend gewendet.

So beweist sich die moderne Frau durch ihre aktive Mithilfe als »wirkliche Frau« – fällt doch das Versagen des Mannes auf ihren stets bereiten Zweifel an ihrer eigenen Attraktivität. Indem sie sich als Dienerin der Männlichkeit zur Verfügung stellt, hofft sie, ihren Selbstwert zu erhöhen, und setzt auf die Dankbarkeit des Mannes. Diese bleibt jedoch zumeist aus; statt dessen wird sie für seine Impotenz verantwortlich gemacht und oft genug von ihm verlassen.

Die Liebesdienerin im Patriarchat nimmt diese Schuldzuweisung bereitwillig an, ist sie doch dazu erzogen, an ihrer vollkommenen Weiblichkeit zu zweifeln. Mit seiner erektiven Dysfunktion schafft es der Mann heute, die Frau in ein Konkurrenzverhalten zu anderen Frauen einzubinden, und verhindert somit eine Solidarität, die seiner Macht gefährlich werden könnte.

Wie fühlt sich nun eine Frau, die diesen Wünschen des Mannes entspricht? Für ihr oberstes Ziel, den Mann zu halten, betont sie ihre Körperlichkeit, trägt ihre Sinnlichkeit auf der Haut, macht alle Techniken im Bett mit. Sie spielt ihm etwas vor, weil sie fühlt, daß er »es so haben will«. Im tiefsten aber bleibt sie, ohne daß er es merkt, von seiner Lust unberührt. Ihre Lustlosigkeit ist natürlicherweise eine Folge der Verleugnung ihrer eigenen Bedürfnisse, ihrer sexuellen Lust, letztlich der Verleugnung ihrer gesamten Person. Sie stellt sich für die Erhöhung des männlichen Prestiges zur Verfügung, weil das der einzige Weg ist, den der Mann akzeptiert. Lustlosigkeit ist also eine folgerichtige und gesunde Reaktion der Frau auf die Lebenssituation im Patriarchat. Steht sie jedoch zu ihrer sexuellen Unlust, wird sie nach männlichem Maß als frigide und krank definiert. Das Konzept der Frigidität, orientiert an den männlichen Werten unserer Kultur, stützt den Männlichkeitswahn im Patriarchat. Frigidität ist aber auch eine Absage an die Liebesbeziehung – dessen sollten sich beide Geschlechter bewußt sein.

Mit der erektiven Dysfunktion des modernen Macho artikuliert der Mann seinen Machtanspruch auf körperlicher Ebene. Solange die Frau diesen Machtanspruch unhinterfragt gelten läßt, ihn nicht psychologisch deutet, kann sich die Sexualität nicht verändern. Solange die Frau sich also ausschließlich an dem Mann ausrichtet und sich in ihrem Selbstwert von ihm bestimmen läßt, versagt sie sich zugunsten des Mannes die eigene Lust und dient ihm durch bloße Hilfestellung.

Der Vergleich zum 19. Jahrhundert drängt sich erneut auf. Damals wurden die sexuellen Möglichkeiten der Frau durch theoretische Konzepte über ihre Natur unter Kontrolle gehalten. Heute, im modernen Patriarchat, gelingt es dem Mann durch das Mittel der Schwäche, seine erektive Dysfunktion, wiederum, der Frau die sexuelle Lust vorzuenthalten.

Was würde passieren – eine brisante Frage –, wenn Frauen diese Schwäche als das aufdeckten, was sie ist: eine neue Methode, die Frauen zu bezwingen? Hier läge die Chance einer revolutionären Veränderung im sexuellen Verhalten von Mann und Frau und damit für die Gleichberechtigung der Geschlechter in der Zukunft.

Die Mittäterschaft der Frau

Auch Frauen können sich heute der Verantwortung als Mittäterinnen im patriarchalen System nicht entziehen. Jede Machtstruktur benötigt Machthaber und Machtgebende. Heute sind Frauen in der Position der Machtgewährenden. Subtile Gefühlsmechanismen verhindern bis heute die klare Aufdeckung der zugrundeliegenden Struktur und dienen der Verleugnung der Realität.

Die Lebensberichte zweier Frauen decken die *Nischen* der Frau im Patriarchat auf. Die typisch weiblichen Gefühlsreaktionen »ich bin nichts wert« und »die Wut auf den Mann« festigen die Schwächeposition der Frauen und geben dem Mann recht in seiner Überlegenheitspose. Sie verfehlen jedoch als weibliche Attitüden ihr gedachtes Ziel. Statt sich selber zu stärken, stärken sie den Mann.

»Ich bin nichts wert«

Frauen erleben den Konflikt in der Liebe und im Leben immer deutlicher, immer schärfer. Aufgewachsen mit den Regeln der Anpassung – eingebettet in die Sehnsucht nach der Illusion der Liebe –, kämpfend gegen die erlebte Minderposition, ist ihre Seele ein Tummelplatz widerstreitender Gefühle. Flucht in die Depression und das lähmende Gefühl »Ich bin nichts wert« ist für Frauen oft ein Ausweg aus den ungelösten Konflikten. Das mangelnde Selbstwertgefühl der Frau ist heute ein oft beklagtes Thema in der Frauenliteratur. Selbst wenn es nicht in Gedanken und Worten zum Ausdruck kommt, zeigt es sich doch im Gefühl. Spätestens wenn eine Liebe zu scheitern droht oder wenn deren Ende gewiß ist, sehen sich Frauen vor die bange Frage gestellt: »War ich es nicht wert, geliebt zu werden?« Der Kampf der Frauen um ihren Selbstwert ist quälend, oft verzweifelt und endet nur allzu oft in dem resignativen Resümee »Es ist nicht zu schaffen«. Sie sind intelligent, sie sind tüchtig, sie geben ihr Bestes – aber warum reicht es nicht? Warum erreichen sie nur in den seltensten Fällen ein besseres Gefühl für sich selbst – warum steigert keine Leistung ihre eigene Bewertung?

Wir haben uns auf der Suche nach den geheimen Säulen des Patriarchats, die darin bestehen, daß Frauen unbewußt und subtil die Überwertigkeit des Mannes akzeptieren, folgende Fragen gestellt: Welchen Sinn hat dieses mangelnde Selbstwertgefühl für Frauen in unserer Gesellschaft – warum halten Frauen so aktiv an diesem Gefühl fest? Selbst eine als erfolgreich geltende Therapie vermag in der Regel nur die Oberfläche zu polieren, den tiefen Kern des Mangelgefühls erreicht und verändert sie nur selten. Was bindet Frauen an dieses unbehagliche, sich selbst reduzierende Gefühl? Psychologische Konzepte und auch die neue Frauenliteratur verweisen die Frau an diesem Punkt auf ihre Sozialisation, die unaufgelöste Abhängigkeit von der Mutter, eben die nicht bewältigte Kindheit.

So beschreibt auch Erika, eine 30jährige Lehrerin, die Entstehung des Gefühls »Ich bin nichts wert« in ihrer Kindheit, in ihrer Erziehung zur weiblichen Schwäche – an der auch ihre berufliche Qualifikation und ein Hochschulstudium nichts zu ändern vermochten.

Immer wieder habe ich dieses alte, lähmende Gefühl, nichts wert zu sein, zu nichts zu gebrauchen zu sein und daß mich kein Mann mag. Warum erreiche ich immer wieder diese Gefühlslage? Welches Ziel verfolge ich damit? In diesem Zusammenhang ist für mich die Frage wichtig, was meine Mutter von mir hält und über mich denkt. Ich merke, daß ich Mühe habe, an die Gefühle, die mit dieser Frage verbunden sind, heranzukommen. Eine Zeitlang hatte ich das Gefühl, Teile der Kindheit, vor allem die ersten Schuljahre, seien aus meinem Gedächtnis gelöscht. Meine Mutter hat mir ständig erzählt, wie gut ich es doch habe und daß der Ernst des Lebens noch früh genug beginnt.

Als ich noch nicht laufen konnte, war ich für meine Mutter »pflegeleicht«. Danach war ich lästig und anstrengend. Mein Gefühl ist, daß sie ein Kind zum Anklammern haben wollte, um den Mangel in ihrer eigenen Beziehung auszugleichen. Aber so wie mit mir hatte sie es sich nicht vorgestellt. Sie hielt mich nicht für normal, weil ich so wild war, und ging mit mir zum Arzt, der mir ein Beruhigungsmittel geben sollte. Ich war für sie ein Quengel. Mich konnte sie nirgendwohin mitnehmen, weil ich nur Unsinn trieb, immer dazwischenredete und sehr neugierig war. Sie blickte mich oft sehr böse an, so daß ich Angst hatte, von ihr bestraft zu werden. Sie hat mir nie viel zugetraut.

Daß man sich etwas erarbeiten kann, war für sie undenkbar. Entweder es flog einem zu, oder man mußte dazu geboren sein. Diese Einstellung verfolgt mich bis heute und lähmt mich oft. Trotzdem habe ich nach meiner Lehre die Abendschule besucht, anschließend studiert. Anerkennung und Bestätigung habe ich dafür nie erhalten. Ihr beurteilender Satz »Ob das wohl alles so gut ist« klingt noch heute in meinen Ohren. In Wirklichkeit meint sie, ich hätte lieber heiraten, einen Beruf zum Dazuverdienen ausüben, Kinder gebären sollen – das sind ihre Vorstellungen, denen ich nicht entspreche. Auf der einen Seite denkt meine Mutter, daß ich mich nicht wehren kann, mir alles gefallen lasse, ängstlich bin. Auf der anderen Seite handle ich unvernünftig und habe einen Dickkopf. Außerdem lasse ich mir nichts sagen und weiß alles besser – oft überfallen mich Zweifel an meinem eingeschlagenen Lebensweg.

Auch nach Bewußtwerdung und Aufarbeitung ihrer Kindheit überfällt Erika immer wieder das Gefühl ihrer Wertlosigkeit – obwohl dazu objektiv gesehen in ihrem Leben kein Anlaß besteht. Als Mädchen hat sie bei ihrer Mutter gelernt, ihre eigenen Gefühle zu negieren, ihre Bedürfnisse nicht mehr wahrzunehmen und nach dem Prinzip »Anerkennung durch Anpassung« zu leben. Die gleichzeitige Aufforderung der Mutter »Du mußt dich wehren und du mußt dich anpassen« stürzt das Mädchen in eine heillose Verwirrung. Sie bewirkt ein Abgleiten in die passive Gefühlshaltung, in die Abhängigkeit der Bewertung durch andere Menschen. Dieses Training zur weiblichen Schwäche bildet die Grundlage für das spätere Verhalten als Frau und Partnerin.

In einer ersten Deutung kommt man sicherlich zu dem Schluß: Die übermäßige Abhängigkeit von der Mutter bewirkt diese Schwächung der Persönlichkeit – in ihrem tiefsten Gefühl gibt Erika der Mutter noch recht. Es ist das traurige Ergebnis der Sozialisierungsnorm im 20. Jahrhundert, die sich in Theorie und Praxis einen fortschrittlichen Anschein gibt und doch im innersten der traditionellen Rollendefinition der Frau verhaftet ist. Wir fanden heraus, daß diese erste Deutung zwar eine wichtige und richtige ist, daß sie allein jedoch keine Veränderung des Selbstwertgefühls der Frau bewirkt. Frauen tendieren dazu – ebenfalls nach bewährter Tradition –, sich auf die Rolle des passiven Opfers und der Leidenden zu fixieren. Nur allzu leicht dienen daher die Analysen der Kindheit, die festgestellte Sozialisierung zur Schwäche als Alibi für Nichtveränderbarkeit, »weil meine Mutter mich so erzogen hat …« Das geschieht offensichtlich in dem irrtümlichen Glauben, daß durch diese bereitwillige Annahme der Leidensrolle ihnen Anerkennung, Bestätigung, ja sogar Liebe des Mannes gewiß sei. Die Geschichte der Frauen ergibt dafür aber keinen Anhaltspunkt. Eher ist das Gegenteil festzustellen, die Geringschätzung der Frauen hat zugenommen. Die Bewußtwerdung und Aufarbeitung der Kindheitssituation kann lediglich der erste Schritt zur Veränderung sein. Die Funktion der Gefühle, die bange Frage von Erika: »Was will ich heute mit diesem Gefühl erreichen?« ist die entscheidende Frage, deren Beantwortung erst eine wirkliche Veränderung des Selbstwertgefühls bewirken kann.

Frauen zielen mit ihrem mangelnden Selbstwertgefühl und mit ihren Depressionen auf die Anerkennung als weibliche Frau in unserer Gesellschaft – auf den Mann. Vielen Frauen ist, wie auch Erika, diese unbewußte Fixierung auf das Ziel *Mann* zunächst nicht einsehbar. Die erlebte Gefühlsdisposition wird zu schmerzhaft und verzweifelt erlebt. Aber Gefühle haben nun einmal ihr Ziel in der Realität, »das Wohin bestimmt das Jetzt«, die gesamte seelische Dynamik ist eine Ausrichtung auf ein fiktives Ziel. Frauen, die sich auf ihre Depression, ihre Wertlosigkeit zurückziehen, versuchen aus der verzweifelten Not eine Tugend zu machen – so als wollten sie sagen: *»Schaut, ich bin so klein, ich tue niemandem etwas, ihr müßt mich lieben.«* Damit setzt Erika das Training ihrer Kindheit fort. Damals ging es ihr darum, auf diesem Wege mit den untauglichen Mitteln der

Schwächeposition die Anerkennung der Mutter zu erhalten. Heute geht es ihr um die Bestätigung als Frau durch den Mann. Frauen wählen diesen Weg immer dann, wenn sie sich die Erreichung ihres Zieles mit selbstbewußten Mitteln, als gleichwertige Frau und Partnerin nicht zutrauen. Mit ihrem Gefühl »Ich bin nichts wert« geben Frauen so der traditionellen Bewertung der Frau recht. Indem sie noch heute dieses Gefühl aktiv fühlen, setzen sie die Tradition der weiblichen Schwäche fort.

Zugegeben, für eine Frau sind heute die Bedingungen für eine Veränderung ihres Selbstwertes ungünstig. Ihre gesellschaftliche Position und die Überlegenheit des Mannes stehen dem entgegen. Überall in ihrem täglichen Leben atmet die Frau ihre geringe Position gleichsam ein. Trotzdem ist eine Veränderung nicht unmöglich. Allerdings muß die Frau sich verabschieden – und jeder Abschied fällt schwer – von ihrer geheimen Nische im Patriarchat, von der aus sie begrenzte, vom Mann erlaubte Herrschaft durch Schwäche praktizieren konnte. Denn wer leidet, braucht Hilfe – und der leidenden Frau haben höfliche Männer schon immer gern geholfen. Der Verzicht auf diese Kavaliersdienste des Mannes, die ja zugleich *ihre* Schwäche und *seine* Überlegenheit dokumentieren, scheint Frauen sehr schwerzufallen. Nach wie vor liegt ihre Sicherheit und ihre Aufwertung in der Bestätigung und in der Abhängigkeit vom Mann. Es scheint, als spürten die Frauen, daß sie als gleichwertige starke Frauen und Partnerinnen nicht viel von den Männern zu erwarten haben.

Dennoch erscheint dieser Verzicht unumgänglich. Heute ermöglicht das Lebenskonzept der Frau, durch Schwäche um Anerkennung zu ringen, ihr nur allzu leicht, sich den Folgen ihres Denkens und Fühlens zu entziehen. Aber auch für nicht bewußte und nicht beabsichtigte Konsequenzen muß jeder Mensch – Frau wie Mann – die Verantwortung übernehmen. Wir Frauen können nicht länger einerseits mit der Schwächeposition »Ich bin nichts wert« um die Anerkennung des Mannes buhlen und andererseits die Achtung und Anerkennung als gleichwertige Frau und Partnerin von eben diesem Manne fordern.

»Meine Wut auf den Mann«

Wütende Frauen gelten als unweiblich und unattraktiv. Die sanfte Frau, die nette Frau, die ihre Bedürfnisse und zornigen Gefühle leugnet, hat in der Weiblichkeitsskala immer noch einen hohen Rang inne. Fast jede Frau unterwirft sich diesem Zwang zur Weiblichkeit – und schluckt ihren Zorn im wahrsten Sinne des Wortes hinunter. Oft schluckt sie ein Leben lang und verwendet ihre gesamte seelische Energie zur Verdrängung und Verleugnung ihrer negativen Gefühle. Nur wenigen Frauen ist die Finalität dieser Gefühle bewußt, sie sind viel zu sehr mit der Berechtigung ihrer Wut beschäftigt. Wütende Frauen geben dem Mann die Schuld an ihrem Leben, ihrem Leid – sie vergessen ihre eigene Mitverantwortlichkeit an der Lebenssituation.

»Der Mann ist schuld« kann nur eine Frau fühlen, die ihr eigenes Leben dem Mann übereignet hat.

Aus einem tiefen Minderwertigkeitsgefühl heraus klagt sie den überlegenen Mann an, um ihren eigenen Schwächegefühlen, ihrer eigenen Erfolglosigkeit zu entkommen. Ihre gesamte seelische Energie bindet sie in die wütende Berechtigung der Anklage. Für die Entwicklung eigener Ziele und Bedürfnisse bleibt ihr wenig Kraft. Damit schließt sich die wütende Frau übergangslos den Normen und Werten des 19. Jahrhunderts an. Sie bestätigt sich und dem Mann mit ihrer Gekränktheit seine Überlegenheit. Sie nimmt sich selbst nicht ernst in ihrer Empörung; statt dessen betont sie über die Anklage die Wichtigkeit und die Bedeutung seiner Person. Daher nehmen Männer die empörte Reaktion ihrer Partnerin oft so ruhig und gelassen entgegen – fühlen sie sich doch in ihrer Bedeutsamkeit, ja sogar in ihrer Männlichkeit von der Frau bestätigt.

Wütend kann nur die Frau werden, die es zugelassen hat, daß der Mann sie ungerecht behandelt, die nicht soviel Würde und Selbstachtung für sich aufbringt, sich nicht kränken zu lassen. Konkret bedeutet das für eine Frau, daß sie selbst die Regeln und Grenzen setzen muß, die ihr Unverletzlichkeit garantieren. Eine Wutreaktion – als Anklage an den Mann formuliert – ist immer das Ergebnis einer fehlerhaften Einstellung im Leben.

Sie verhindert das sinnvolle Umsetzen der Wutenergie in eine Kraft, die für eine Bewußtwerdung und einen Veränderungsprozeß dringend nötig wäre.

Ein aktuelles Beispiel demonstriert diese psychische Dynamik: Helen, 41, lebt seit zwei Jahren von ihrem Mann getrennt. Sie hat eigentlich die Trennung gewollt – und dennoch verstrickt sie sich immer mehr in ihre Wut auf den Mann. Eine Entfaltung ihrer eigenen Ziele und Werte im Leben kommt für sie kaum in Betracht. Das ihr angetane Unrecht nagt an ihr – es vergiftet ihr Leben – und bindet sie nach wie vor an den Mann, den sie eigentlich verlassen hat, an eine Beziehung, die sie rational für unmöglich erklärt.

Die ungeheure Intensität meiner Wut spüre ich erst allmählich. Sie hindert mich, Freundschaft zu schließen und mir das Leben einzurichten. Seit meiner Trennung habe ich immer wieder das Gefühl: Jetzt bin ich ohne Mann und auch noch ohne Freunde. Ich habe gar nicht die Frage, was trage ich dazu bei, daß sich Freunde von mir zurückziehen. Mein Gefühl ist, ich werde allein gelassen, meinen Mann mag man lieber. Mit finsterem Gesichtsausdruck stehe ich daneben, voller Groll, voller Mißtrauen, den Freunden und dem Mann gegenüber. Ihm gebe ich die Schuld. Mein Denken und Fühlen kreist um die Tatsache »Schuld an meinem Unglück ist der Mann«. Ich ahne bereits, daß dies nur die halbe Wahrheit ist, aber meine Gefühle sprechen immer wieder ihre eigene Sprache, die der Kindheit. Ich wehre mich verzweifelt gegen dieses Gefühl, aber es gelingt mir nicht, meine berechtigten Anklagen zu entschärfen. Mein Mann war immer der Sunnyboy – ich das schwarze Schaf. Er galt immer als der Arme und Schwache, der nicht konnte, der beschützt werden mußte. Ich habe keine Lust mehr auf diese Jammerlappen, für die ich mich klein machen mußte, damit sie keine Angst bekommen, die zittern und klagen, wenn die Frau sich behauptet.

Meine Wut ist schrecklich, noch schlimmer, ich spüre auch Verachtung. Gleichzeitig machen mir diese Gefühle angst. Ich spüre, daß sie mich endgültig vom Mann trennen. Ich möchte doch auch vom Mann gemocht werden. Wie komme ich auf einen anderen Weg? Bisher habe ich durch Verdrängung diese Gefühle aus meinem Erleben verbannt. Nach außen war ich immer nett und bemüht, aber die tiefen Gefühle der Wut und des Hasses lagen wie ein Knoten unter der glatt erscheinenden Oberfläche. So habe ich meine wahren Gefühle immer versteckt, und meine gesamte Anstrengung galt immer dem Übertünchen dieser Gefühle. Ich bin fest davon überzeugt, wenn ich diese Gefühle zugebe, will niemand mehr etwas von mir wissen.

Was bezweckt Helen mit dieser Art der Lebensbewältigung, worauf richtet sie ihre gesamte Energie? Indem Helen an dem Mythos der traditionellen Schuldzuweisung an den Mann festhält, bestätigt sie ihre eigene Unzulänglichkeit, ihre Unfähigkeit, »auf sich selbst aufzupassen, für sich selbst zu sorgen«. Die eigentliche Schuld des Mannes besteht darin, daß er ihre Abhängigkeit zu seinen Gunsten genutzt hat. Das steckt hinter dem von der Frau formulierten Vorwurf. Damit weicht sie der eigentlichen Fragestellung, nämlich der Frage nach ihrer aktiv praktizierten Abhängigkeit, aus. Als gute Ehefrau und Mutter hat sie 20 Jahre lang ihre Bedürfnisse, ihre Gefühle, auch ihren Zorn geleugnet, vor sich und den anderen verborgen. Für diesen Lebensstil bezahlt sie heute einen hohen Preis. Sie hat sich selbst verloren und steht heute vor dem Nichts. Eine Entwicklung für sich, die Entfaltung ihrer Persönlichkeit, hat für sie keinen Reiz, und so füllt sie ihre innere Leere mit Wut auf – wenigstens so fühlt sie sich lebendig.

Nur mühsam kann Helen erkennen, daß sie an ihrer leidvollen Situation aktiv beteiligt ist. Sie hat sich selbst in diese unterlegene, abhängige Situation gebracht, wenn auch aus verständlichen Gründen. Sie selbst hat den Mann verherrlicht und vom siebten Himmel geträumt. Schon zu Beginn ihrer Ehe hat sie die Flucht vor der Realität angetreten. Ihr Gefühl ist, sie hat doch »alles« getan für ihren Mann, für ihre Ehe – aber sie hat das Falsche getan. Sie hat, wie viele andere Frauen auch, ihre Bedürfnisse, ja sich selbst reduziert, um den Schein ihrer Ehe, den Schein einer Beziehung zu wahren. Es ist oft bitter für Frauen, auf diese Weise mit der eigenen Lebensproblematik, der eigenen Unfähigkeit konfrontiert zu werden, erkennen zu müssen, daß das Training zur Weiblichkeit, die von ihr akzeptierte Rollendefinition, auf die sie ihren Erfolg im Leben gesetzt hat, in der Realität nur zu Scheinlösungen führen kann. Es sind Lösungen, die keine befriedigende Lebensgestaltung ermöglichen und aus denen die Frau als Verliererin hervorgeht. Frauen als das schwache Geschlecht tun gut daran, ihre Stärke in die Waagschale der Menschheitsgeschichte zu werfen – statt in der sinnlosen Passivität der Anklage zu verharren. Frauen können nicht länger einerseits die ungerechten Lebensumstände beklagen und sich ihnen gleichzeitig unterordnen.

Dritter Teil

Der typisch männliche Weg

Die Theorie der Gefühle

Kämpfen, unterwerfen, beherrschen – das ist der typisch männliche Zugriff auf die Vielfalt des Lebens, um ihrer »Herr« zu werden. Wie die Außenwelt wird auch die innere Welt, die Welt der Gefühle, bewältigt oder besser überwältigt durch Kontrolle, Bewertung und vor allem durch Hierarchie. Denn »Mann« sein heißt: in Konkurrenz stehen, oben sein wollen, siegen wollen. Aber dieses Männlichkeitsideal produziert Sieger, Besiegte und Deserteure und bedeutet daher ein Leben in ständiger Angst vor dem Sinken des Ansehens. Die Häßlichkeit solcher Lebenspraxis muß durch die Schönheit herbeikonstruierter Theorien verhüllt werden.

Wo immer die Kriegskosten zu hoch sind und der Widerstand zu groß wird, entscheidet der Mann im Sinne der Macht. Und deswegen versucht er seit Beginn des Patriarchats, die Rebellion der Frau aufzuweichen. Die scheinbaren »neuen« Freiheiten und Rechte für die Frau befreien den Mann letztlich nur von seinen Verpflichtungen gegenüber der Frau. Sie selbst hat nichts dazugewonnen.

Männer …

Der typisch männliche Weg in diesem Buch soll den Zugriff des Mannes auf die Welt dokumentieren und wurde weitgehend von Männern konzipiert. Ich analysierte die Schilderungen und versuchte, die männliche Logik um eine weibliche Sichtweise zu bereichern. Männer nahmen Stellung zu den Themen Finalität, Frauenbild, zum Problem der Selbstverantwortung, der Erziehung zum Mann und zum Männlichkeitswahn. Diese Themen gruppieren sich um die Achse der grundlegenden Beziehung »Mutter und Sohn«, die mir ein besonderes Anliegen ist. Die Mutter ist die erste Frau im Leben eines Mannes. Hier entscheidet sich seine Liebesfähigkeit und seine Zukunft.

Diese Dokumentation beweist deutlich, auf welcher Ebene sich Männer die Welt und die Beziehung erklären, nämlich ohne auch nur den geringsten Bezug zu den eigenen Gefühlen herstellen zu können. In Nebensätzen und zwischen den Zeilen formulierte sich aber doch die Realität: die tatsächliche Minderbewertung der Frau, das mangelnde Vertrauen in die »Frau als Mensch«, kurz gesagt: der Frauenfeind. Es mag daher für den Leser eine Übung sein, in den Texten männliche Orientierung zu durchschauen und sie von einer weiblichen Auffassung und Deutung zu unterscheiden. Der moderne Macho unterscheidet sich nicht allzusehr von unserem Jahrhundert der Realitätsverleugnung, ist sogar eher eine Präzisierung und Fokussierung der geltenden Verleugnungsnormen. In ihm finden wir das wieder, was das 20. Jahrhundert »auszeichnet«: die Abspaltung von den eigenen Gefühlen und Bedürfnissen. Männer zerstören eine Welt, die sie doch eigentlich brauchen und lieben. Der moderne Macho zerstört die Beziehung zur Frau, die er doch eigentlich will und braucht. Es ist erschütternd, in einer Welt, die gerade jetzt nach einer gemeinschaftlichen Verantwortung von Männern und Frauen ruft, die Kluft zwischen den Geschlechtern zu erkennen und zu sehen, wie weit männliches und weibliches Denken auseinanderklaffen. Solange sich Männer nicht von dieser einsinnigen Betrachtungsweise der Welt emanzipieren und sich – genau wie die Frau – als Gefühlswesen betrachten, steuern wir alle dem Untergang zu. Es ist Komik und Tragik zugleich, um die Überlegenheitsposse des Mannes zu wissen – und wer weiß es nicht – und sie gleichzeitig mit immer rationaleren, besseren, klügeren Einsichten und Methoden zu verstärken. Es wirkt wie ein Rettungsmanöver, dem im Untergehen begriffenen Schiff noch einmal einen letzten Glanz zu verleihen. Wie viele Männer werden es wagen, zu ihrer eigenen Posse zu stehen und sich dem befreienden Gelächter ihrer Umwelt auszusetzen?

Das Wohin bestimmt das Jetzt

Finalität und männliches Prestige

Das gesamte menschliche Leben ist final ausgerichtet. Alle Gefühle streben auf ein Ziel zu; durch unsere Ziele wird unser Leben bestimmt. Wenn also eine Frau die Sympathie eines bestimmten Mannes gewinnen will, wird sie ihre Gefühle und ihr Verhalten danach ausrichten. Sie wird freundlich oder unfreundlich sein – je nachdem, wie sie glaubt, ihr Ziel erreichen zu können. Analog dazu wird sich ein Mann verhalten, wenn es um ein Geschäft geht, das er abschließen will. Er wird cool oder sympathisch zu überzeugen versuchen.

Die gesamte Gefühlswelt wird einbezogen und ausgerichtet auf das zu erreichende Ziel, und so hat immer jeder Mensch genau die Gefühle, die er für sein jeweiliges Ziel braucht.

Für Mann und Frau sind in einer patriarchalen Gesellschaft die geschlechtsspezifischen Ziele unterschiedlich zu interpretieren. So entsteht das Paradoxon, daß Männer und Frauen zwar *auf,* aber nicht *in* der gleichen Welt leben. Trotz gleicher emotionaler Fähigkeiten sind die psychischen Welten von Mann und Frau nicht gleich. Heute sind wir sogar so weit, daß Verständigung von der einen Welt zur anderen entweder unterbrochen oder gar ausgeschlossen ist.

Die Ziele der Frau haben wir im weiblichen Teil skizziert – hier soll die Rede von den Zielen des Mannes sein und von den Anstrengungen, Mühen und Winkelzügen, seine Ziele krampfhaft zu erreichen.

Wonach strebt der Mann? Was sind für ihn Leitziele, nach denen er sein Leben ausrichtet, auf die hin er seinen Lebensstil entwickelt? Im allgemeinen streben Menschen von Geburt an danach, mit ihrer sozialen Umwelt ein für ihr Gefühl optimales Verhältnis zu finden. Was aber versteht nun der Mann im Patriarchat unter dem optimalen Verhältnis zwischen sich und den Mitmenschen?

Wie der liebe Gott

Am besten kann man alles erreichen, was man wünscht, und alles vermeiden, was stört, wenn man allmächtig, allwissend ist und über den Dingen steht, also gottähnlich ist. Diese Gottähnlichkeit ist das fiktive Ziel schon des kleinen Jungen im Patriarchat. Bereits bei der Geburt wird er mit dem Stolz auf den männlichen Erben von der Welt empfangen, die hier bereits den Teppich für den zukünftigen Mann ausrollt. Für ihn steht im Patriarchat die Position des Überwertigen bereit, und auf diese meint nun schon das Kind, der Junge und später der Mann ein *natürliches Anrecht* zu besitzen. Der Junge entwickelt Ideen, Konzepte und Gedanken, wie er seine Überlegenheit am besten erreichen könnte. Er formt über die ersten Lebensjahre seinen Lebensstil auf dieses Ziel hin. Dabei bietet sich ihm das männliche Prestige als Leitlinie an. Je mehr er dem gesellschaftlich vermittelten Leitbild der »Männlichkeit« näher kommt, desto eher sieht er seinen ererbten Anspruch auf Gottähnlichkeit erfüllt. Auf diesem Weg setzt der Mann Fiktionen als Hilfsmittel ein. Der moderne Macho lebt nach einem männlichen »kategorischen Imperativ«:

Handle so und bewege dich so in der Welt, als ob du immer der Zurückgesetzte, Zukurzgekommene wärest, und entwickle aus dieser Position den berechtigten Anspruch, daß die Frau auf dich und deine Nöte Rücksicht zu nehmen hat.

An diesem Imperativ orientiert er seine gesamten Lebensäußerungen. Er lebt in all seinen Empfindungen, »als ob« es tatsächlich so wäre, wie er wähnt. Er lebt in einer Fiktion. In den entsprechenden Situationen produziert er sofort das für ihn passende Gefühl. Er deutet seine Erlebnisse rational nach einem Erklärungsschema, das ebenfalls immer wieder auf diese Fiktion hinausläuft. Der Kreis ist geschlossen, wenn er sich im nachhinein selbst beweist, was er schon von vornherein gewußt hat:

- Wird die Frau aktiv, fühlt sich der moderne Macho vernachlässigt und zu kurz gekommen;
- entwickelt sie mehr Selbstbewußtsein, nimmt er dies als Kritik und persönliche Kränkung;

– nimmt die Frau eigene Interessen wahr, zieht er sich beleidigt zurück.

Die persönliche Entwicklung der Frau könnte für den Mann auch ein unterstützenswertes Ziel sein; der moderne Macho lebt jedoch nach dem Überlegenheitsideal des patriarchalen Prinzips. In seinem männlichen Prestige geht es ihm nicht um Kooperation, sondern um den krampfhaften Erhalt seines Überlegenheits*scheines*. Um die sich aus den patriarchalen Fesseln aufrichtende Frau zurückzudrängen und die alte Ordnung der Geschlechter wiederherzustellen, übt er Druck auf sie aus und verschafft sich durch die Finalität seiner Gefühle dafür ein unschlagbares Alibi. Denn, so lautet seine Logik, »Was ich fühle, *muß* doch wahr und real sein« – wer hat den Mut, daran zu zweifeln?

Auch in den wissenschaftlich formulierten Theorien zeigt sich die spezielle Finalität männlichen Denkens. In der Tat schreiben männlich dominierte psychologische Theorien der Seele kriegslüsterne Attitüden zu, so als ob männliches Denken und Fühlen ein allgemein menschlicher Charakterzug wäre. Schon Sigmund Freud unterstellt der Frau den Penisneid, wobei Neid auf Besitz eine typisch männliche Attitüde ist und vor allem in dieser Theorie die männliche Überlegenheit festgeschrieben wird. Alfred Adler schreibt, daß die Seele ein Angriffs-, Abwehr- oder Sicherungs-, ein Schutzorgan sei, je nachdem, ob die Situation eines Lebensorganismus den Angriff oder die Sicherung verlange.

Der Mann, der von sich spricht, denkt, er spricht vom Menschen. Dieser folgenschwere Irrtum stellt sich als Stütze des Patriarchats heraus und wird auch von den männlichen Vertretern einer männlichen Psychologie getragen. Sie schließen dabei die Frauen ein, wobei alles spezifisch Weibliche verlorengeht.

Der ausschließlich auf sich bezogene Mann stellt sich in den Mittelpunkt seiner Logik des Zusammenlebens. In seiner Hybris findet er zum Beispiel:

– Er sei der Nabel der Welt;
– er sei gegenüber den anderen Menschen etwas Besonderes,

und ihm müßten daher die Bedingungen des Lebens von den anderen erleichtert werden;
- er sei von so bevorzugter Art, daß ihm die Herrschaft über andere zustehe;
- er lasse die Aufgaben des Lebens durch Einsetzen einer unüberwindlichen Schwierigkeit am besten ungelöst, denn dann werde er keine Niederlage erleiden.

Das Bemerkenswerte daran ist, daß sich seine Zielsetzungen nicht verallgemeinern lassen: Sie taugen nicht zu einer gültigen Orientierung für menschliches Zusammenleben. Der Mann hat das Gefühl seiner Minderwertigkeit und komplementär seiner *Überheblichkeit* zum Dogma gemacht und setzt seine Orientierungspunkte so, daß sie nur *seiner* Logik entsprechen. Darum trachtet er nach Überwindung der Schwierigkeiten durch Herrschaft. Sein Ziel ist letztlich Erhöhung des gesunkenen Persönlichkeitsgefühls.

Die Tragik der patriarchalen Lebensführung besteht eben darin, daß der Mann bei kindlichen Beurteilungs- und Wahrnehmungsschemata bleibt und sich weigert, diese durch bessere, das heißt reale zu ersetzen. Er verweigert sich damit selbst sein Wachstum zur Persönlichkeit und nutzt das ungeheure Potential menschlicher Lernfähigkeit nicht.

Das Wohin bestimmt das Jetzt – in unserer patriarchalen Kultur bedeutet das: Der Mann will seine Macht sichern, und er setzt alles zur Aufrechterhaltung dieser Position ein. Die Machtposition erscheint ihm wie naturgegeben; seine Weltanschauung ruht in dieser Fiktion. Sein gesamtes Verhalten und seine Attitüden bis hinein ins Bett sind darauf gerichtet, die Frau von der prekären Macht fernzuhalten und sie sich immer wieder aufs neue bestätigen zu lassen. Nicht zu lieben, nicht sozial zu sein verhindert Selbstwertgefühl, und dieses zeigt sich in seinem blinden Streben nach immer mehr Macht und Überlegenheit. In der Beziehung zur Frau läßt es die Männer verarmen; sie schrumpfen zu Technokraten der Liebe.

Die Nervosität und Hektik, die Ziellosigkeit der Handlungen, mit der Männer heute ihre Positionen verteidigen, verraten ihr mangelndes Selbstwertgefühl. Achtung vor sich selbst, wirklicher Selbstwert begründet sich eben gerade in der von Männern geleugneten Wahrheit: in der Fähigkeit zu lieben, im gelebten sozialen Miteinander, in der Beziehung zum Du. Solange Männer dieses moralische Grundgesetz des Lebens außer acht lassen, müssen sie sich zwangsläufig mit ihrem schwindenden Selbstwertgefühl plagen, sich im Kreise drehen, um doch immer wieder die gleiche Erfahrung zu machen: Macht und Überlegenheit befriedigen zwar, aber sie erfüllen nicht, weil sie keinen Lebenssinn ergeben.

Die Gefühlseinstellung des Mannes zur Frau

Männer gelten gemeinhin als gefühlsarm, mehr vom Verstand bestimmt, rational; Männer sprechen kaum über ihre Gefühle – und was noch auffälliger ist: Auf Befragen wissen sie auch nicht, was sie fühlen. Männer sind in bezug auf emotionale Vertrautheit, Erkenntnis und Auseinandersetzung mit Amöben zu vergleichen, die eindimensional nur Licht und Schatten als Orientierung kennen: Entweder sind sie verliebt, was selten vorkommt, oder sie sind wütend, beleidigt und depressiv, was häufiger der Fall ist. Schon Gefühle der Enttäuschung können sie sich nicht eingestehen. Meist dämmern sie gefühlsmäßig vor sich hin – und empfinden Gefühlsregungen bei sich und anderen als eher störend. Der Grund: Gefühle werden mit Schwäche assoziiert; sie vertragen sich nicht mit männlichem Prestigebedürfnis.

Erforscht man die Funktion der Gefühle für das eigene Leben und die eigene Bezogenheit auf die Gemeinschaft, dann stellt man fest, daß Männer sehr isoliert leben und nur sehr eingeschränkt Beziehungen zu anderen Menschen eingehen, geschweige denn eine wirkliche Freundschaft zur Frau herstellen. Den Männern reicht es, eine Frau zu »haben«, gelegentlich auch Sexualität mit der Frau zu »haben« – ansonsten möchten sie in Ruhe gelassen werden. Gleichzeitig erwarten sie liebevolles Umsorgtsein durch die Frau. Es ist auffällig, daß nur wenige Männer sich mit der Widersprüchlichkeit ihrer Ansprüche auseinandersetzen, ja, daß sie ihnen noch nicht einmal auffällt. Niemand stellt die Frage, warum sich Männer diese eigentlich parasitäre Haltung leisten können, die nur nehmen will und niemals gibt.

Die von Zweifeln ungetrübte Sicherheit, die Selbstgefälligkeit des Anspruchs rührt unmittelbar aus der patriarchalen Position her, in der sich der Mann der Frau überlegen wähnt, um sich selbst kreist und folgerichtig über den unterlegenen Teil nichts wissen muß. Dem Herrscher ist es zur Aufrechterhaltung der eigenen Position geboten, sich weder mit der eigenen noch mit der gefühlsmäßigen Seite des anderen auseinanderzusetzen und vertraut zu sein. Umgekehrt sind die Frauen bei Hintanstellung der eigenen Gefühlslage sehr intensiv bemüht, die Stimmungen des Mannes zu erfahren, um entsprechend auf ihn eingehen zu können.

Da alle Menschen, mithin auch Männer, ein Gefühlsleben haben, liegt der einzige Unterschied zwischen den Menschen darin, wie sie mit ihren Gefühlen umgehen, welchen Bezug sie zu ihren Gefühlen haben und welche Orientierung sie aus diesem Gefühlsfundament ihrem Leben geben.

Der Mensch lernt zuerst mit dem Gefühl

Der Zusammenhang des einzelnen mit der Gemeinschaft, die Bezogenheit des Menschen auf den Menschen, ist so grundlegend und ursprünglich, daß die Möglichkeit und Notwendigkeit einander »etwas zu sein« und einander zu verstehen, allein auf dieser Tatsache beruht. Menschliche Individualität ist nur dadurch eine menschliche, weil sie an anderen teilhat und sich im weitesten Sinne mitteilen kann.

Die männliche Individualität ist deshalb keine humane, weil sie sich weder auf Männer noch auf Frauen bezieht. Der Mann lebt seelisch isoliert von den Frauen. Nur auf diesem Boden ist auch männliches Verhalten erklärbar, das sich in fataler Weise gegen die Mitmenschen und die Natur richtet. Der Mensch lernt alles in der Welt durch andere kennen, alles, wovon er einen Begriff hat. Aber er selbst formt einzigartig im Beziehungsgeschehen mit anderen – vorrangig mit den Eltern und den Geschwistern – seine Einschätzung von der Welt. Diese Einschätzung wird im Gefühl gespeichert, damit jederzeit, ohne auch nur einen Moment zu überlegen, in der Welt gehandelt werden kann. Diese Orientierung mit dem Gefühl findet gerade in der frühen Kindheit ohne Begriffe statt – aber trotzdem in einer Art »Sprache«, eben in der Sprache des Gefühls. Hauptsächlich wird das Gefühl gebraucht, um in der Beziehung mit anderen Menschen einen Weg zu finden, auf dem Zuwendung, zumindest aber Aufmerksamkeit, erreicht und Ablehnung vermieden werden kann.

In einer männlichen Kultur brauchen Männer nur sehr

wenig Gefühl, und genau dazu werden sie auch erzogen. Das Ziel ihres Handelns und Denkens ist nicht die Beziehung, sondern die persönliche Überwertigkeit, das männliche Prestige. Frauen hingegen sind in ihrer Sozialisation an der Beziehung orientiert. Neben der emanzipatorischen Berufs- und Chancengleichheit bleibt der Mittelpunkt im Leben einer Frau das mütterliche Prinzip. So gesehen verfolgen Mann und Frau verschiedene Ziele in unserer Welt: Der Mann strebt nach Überlegenheit und Prestige, die Frau bleibt in ihrem Zentrum auf das Beziehungsprinzip hin ausgerichtet. Wen kann es da noch verwundern, daß es heute um die Liebe so schlecht bestellt ist?

Das männliche Prestige

In einer patriarchalen Kultur laufen die Gefühle des Mannes immer irgendwo auf die Erhöhung des männlichen Prestiges hinaus. Eine normale Beziehungssituation verlangt an sich keine bestimmten Gefühle – verschiedene Menschen reagieren in einer bestimmten Beziehungskonstellation mit verschiedenen Gefühlen. Warum bevorzugt der einzelne seine individuelle Gefühlseinstellung? Warum sind Gefühlseinstellungen durch gedankliche Überlegungen meist nicht angreifbar, korrigierbar? Weil das Gefühl die Gedankengänge bestimmt; das Gefühl bewertet und gewichtet Argumente.
Auf den Mann bezogen heißt das, daß er im Glauben und Wissen um seine Überlegenheit jede Beziehung relativ einfach strukturiert. Sein Gefühl gewichtet folgerichtig im Sinne seiner Privatlogik. Er hat recht, die anderen unrecht. Letztlich eine simple Welt, die den Mann beherrscht und von der er sich beherrschen läßt. Das Ziel seiner Gefühlseinstellung ist, Sicherheit für das eigene Selbstwertgefühl zu bekommen, Bedrohungen abzuwenden, Niederlagen zu vermeiden, wenn schon nicht realen Erfolg zu erringen, dann wenigstens den *Schein* des Erfolgs.

Isoliertheit und Macht
Die seelischen Grundlagen des Männlichkeitswahns

Das versteh' ich nicht; ich hatte doch so gute Gefühle zu meiner Frau. Ich war doch ein idealer Partner, besser zumindest als alle in meinem Bekanntenkreis. Ich war immer für ein Gespräch zu haben. – Und jetzt ist sie fortgegangen. Sie sagt, sie habe es mit mir nicht mehr aushalten können. Ich weiß gar nicht, was sie hat – es lief doch alles so gut.

Ein typisches Beispiel für die männliche Gefühlslage in einer Trennungssituation? Unser sitzengelassener Mann gehört eventuell auch zu den »neuen« Männern, die sich mit Männerliteratur vertraut gemacht haben und selbstverständlich gegen das Patriarchat und für Gleichberechtigung sind.

Dennoch hatte er keine Beziehung zur Partnerin und vermutlich zu keinem anderen Menschen. Er ist eben ein typischer Mann, ein isolierter Mann. Spricht man ihn auf die Trennung an, so spürt man seine unverhohlene Wut auf die Frau, die ihn in ungehöriger Weise im Stich gelassen hat. Darüber spricht er aber nicht. Statt dessen verweist er auf seine Ohnmacht und seine Kleinheitsgefühle: Ja, er wisse schon, er habe Schwierigkeiten, zu seinen Gefühlen zu stehen und Nähe zuzulassen. Aber das habe er auch seiner Partnerin gesagt; und die sei zunächst auch ganz verständig gewesen und habe seine Schwierigkeiten akzeptiert. Und jetzt auf einmal das ...

An dieser Stelle hört praktisch alle neue Männerliteratur auf. Die Phänomene werden offen geschildert, und es wird den Männern allzu bereitwillig attestiert, wie schwer sie es auch haben in der heutigen Welt, in der Frauen zunehmend Bedeutung erhalten sollen und sich ihrer Stärke und sexuellen Lust allmählich bewußt werden dürfen, angestammte Privilegien und Machtpositionen also aufgegeben werden müssen.

Wir deuten die Situation anders:

Es ist unmoralisch, sein Minderwertigkeitsgefühl als Alibi für die Konsequenzen seiner Gefühlshaltungen zu bemühen. Im eingangs erwähnten Sinne, daß alle Gefühle zielgerichtet sind, ist auch das Schwächegefühl des Mannes zielgerichtet, also ein erwünschter Gefühlszustand.

Wehe, man sagt dem Mann, er solle sich seine Schwäche an den Hut stecken, dann ist er zutiefst beleidigt. Er stellt also den Anspruch, daß man sein Schwächegefühl als Alibikonstrukt nicht in Frage stellt. Eine wirklich gefühlte Schwäche trachtet aber jeder zu verdecken und schnellstmöglich zu beheben. Nicht so unser Mann: Er sieht seinen »Fortschritt« gerade darin, offen über seine Schwächen und Ängste mit der Frau zu reden. Er bewirkt damit, daß die Frau einlenkt, ihre eigene Wut auf den Mann als unberechtigt zurücknimmt und ihn mit Wärme und Zuwendung versorgt – wenn sie erneut ihre alte Rolle einnimmt, statt ihn mit den Konsequenzen seines Verhaltens zu konfrontieren.

Unser oben zitierter Mann dokumentiert mit seinem Satz »Das verstehe ich nicht; ich hatte so gute Gefühle zu meiner Frau ...« ganz deutlich sein Gefühl der Überlegenheit. Er kommt gar nicht auf die Idee, seine eigene Gefühlsdisposition in Frage zu stellen, sondern er geht ganz selbstverständlich davon aus, daß die Frau »die Komische« ist, die nicht weiß, was sie tut. Das ergibt sich folgerichtig aus der Sicht der männlichen Logik in einem patriarchalen System. Der Mann ist sich nicht bewußt, daß auf dieser Basis eine gleichwertige und gleichberechtigte Partnerschaft nicht möglich ist. Er glaubt, durch Bekenntnisse und Offenlegung seiner Schwäche und seiner Gefühlsarmut habe er seinen Beitrag zur Gleichberechtigung bereits geleistet. Die ganze Gefühlsskala seines subjektiven Leidens durch die Trennung trifft damit auch lediglich sein Prestige als Mann. Nur in dieser Hinsicht ist er über die Auswirkungen seines Handelns betroffen. Männer können aus diesem Beispiel lernen, daß Jammern und Klagen keine weltbewegenden und vor allem keine verändernden Argumente in diesem Leben sind.

In den Partnerschaften agiert der Mann mit Druck auf die Frau. Und dabei erweist sich sein isolierter Lebensstil als die einzig geeignete Gefühlsgrundlage, um den Machtanspruch gegenüber der Frau zu behaupten. Der Lebensstil des Mannes ist damit Ausdruck des Männlichkeitswahns, indem er die Regeln seiner Pseudo-Liebesbeziehung bestimmt. Ein Mann, der seine »Abgespaltenheit von seinem Gefühl« beklagt, muß sich mit dem Vorhalt konfrontieren lassen, das Patriarchat in moderner Version aufrechterhalten zu wollen: Es ist der verharmlosende Ausdruck für den Anspruch, daß der Mann sein Prestige von der Frau gepflegt haben möchte und sich nicht auf eine wirkliche Beziehung mit ihr einlassen will. Isoliertheit und Distanz sind also aktiv eingesetzte Gefühle, deren Grundlage die Geringschätzung der Gemeinschaft und insbesondere der Frau ist. Die natürliche Beziehung zwischen Mann und Frau wird unterbrochen, die Frau unterworfen. Damit verweigert der Mann auf dem Gebiet der Beziehungsaufnahme mit der Frau sein soziales Engagement; er kann keine wirkliche Genugtuung aus seinem Handeln schöpfen, keine Befriedigung in einer Beziehung erleben und sein Selbstwertgefühl nicht stärken.

Das reale Minderwertigkeitsgefühl des Mannes

Diese Gefühlshaltung hat für den Mann auch Konsequenzen, die für ihn nicht sonderlich erfreulich sind – aber wir setzen hinzu: zu Recht.

Gemessen an seiner Bezogenheit auf die Frau, die ihn trägt, ernährt und weitestgehend versorgt, hat das Minderwertigkeitsgefühl des Mannes insofern eine reale Basis, als er in den Lebensbereichen, in denen er agiert, nichts Positives für die Gemeinschaft bewirkt. In allen von Männern dominierten Gebieten wie Wissenschaft, Technik, Politik – und Partnerschaft – werden laufend Katastrophen produziert. Männer treiben die Welt an den Rand des letzten Weltkrieges, betreiben Kontinente umspannenden ökologischen Raubbau, errichten Elendszonen, schaffen ein soziales Klima, in dem Drogenabhängigkeit, Kriminalität und unsägliches menschliches Leid erzeugt wird – und denken dabei nur an die eigenen Pfründe und Machtpositionen. Wie soll in diesem Klima eine Genugtuung über die eigene Leistung entstehen? Wie soll sich auf der Grundlage dieses inhumanen Konzeptes ein wahrhaftes Selbstwertgefühl entwickeln, das doch nur aus humanen Werten gespeist werden kann?

Hinter der vorgeblichen Schwäche, die sich in dem »Ich kann nicht« ausdrückt, steht eine reale Schwäche, die

Schwäche einer unsozialen Persönlichkeit. Tatsächlich stellen Männer, im Gegensatz zu Frauen, ihren Wert für die Gemeinschaft selten in Frage und bestreiten damit ihre reale Schwäche. Leider werden sie in unserer Gesellschaft und damit auch in psychologischen Beratungen oft fälschlich über ihren Wert beruhigt. Wirkliche Entwicklung kann nur über die Konfrontation mit der unverfälschten Realität eingeleitet werden. Die männliche Sicht der verfälschenden Realität findet sich wieder in der allen Männern geläufigen Abwehrhaltung: »Was, ich liege falsch? Ich soll mich ändern?« Indes erwartet jeder Mann unausgesprochen, daß sich die Frau ihm und seiner Sichtweise anpaßt. Gleichheit als Gefühlsdimension ist ein noch unbekanntes Gebiet männlicher Empfindungen. Dem entspricht das Gefühl der Männer, von der Frau zu Handlungen gezwungen zu werden. Es ist ein kurioses Zeichen der Zeit, daß sich Männer von Frauen unter Druck gesetzt fühlen und sich beklagen über die angeblichen Zwänge. Es könnte die Ahnung des selbstangerichteten Scherbenhaufens sein, die Männer zu ihrer Vorwurfshaltung bringt; nur wenden sie den Vorwurf – in männlicher Logik – von sich selbst ab und schreiben die Ursachen, wie immer, Frauen zu.

So begründen Männer dann auch ihre Liebesunfähigkeit auf gekonnte, raffinierte Weise. Man lausche nur den Begründungen, die alle mit einem weitschweifigen »Weil« beginnen. Am Ende steht immer die Frau, die angebliche Verursacherin der Liebesunfähigkeit und -untüchtigkeit. »Ich kann nicht liebevoll zu meiner Partnerin sein, weil sie …« Dieses Prachtstück von Argumentation läßt sich – wenn man die männliche Logik außer acht läßt – reduzieren auf den unabänderlichen Glauben und die bornierte Gewißheit, daß Männer liebesfähig sind – aber ohne Frauen.

Wahrer wird sein, daß Männer liebesunfähig sind und die Umstände und die Frau sein können wie sie wollen: Der Mann tut immer, was er will. Er konstruiert die Gefühle, die er braucht, um sein oft zweifelhaftes Ziel zu verschleiern (»Ein Mann unter Zwang«). Ziehen wir die Bilanz männlichen Verhaltens, so treten hauptsächlich feige, eigensüchtige, ja menschenverachtende Gefühle hervor. Sollte der Mann ein Feigling sein? Männer in der Liebe erinnern an einen fliegenden Händler mit falschem Schmuck, dem es um das große Geschäft geht, ohne daß er einen realen Wert anzubieten hat.

Selbstverantwortung als Lebensprinzip

Schon der Begriff »Verantwortung« löst bei vielen ein merkwürdiges Unbehagen aus. Gibt es nicht doch einen Umweg, auf dem man um sie herumkommt? Wir übernehmen Verantwortung nicht gern. Im praktischen Leben fühlen wir uns weit seltener und weniger verantwortlich, als wir es tatsächlich sind.

Die Frage nach Verantwortlichkeit einschließlich Selbstverantwortung ist einer der zentralen Ansätze bei der Analyse patriarchaler Strukturen und ihrer Überwindung. Um aus den traditionellen Geschlechtsmustern und Rollenfixierungen herauszukommen, müssen Männer und Frauen mehr Verantwortung für ihr Handeln, ihre Gefühle, für sich selbst und ihren Lebensweg übernehmen. Bisher aber weisen die meisten Männer und Frauen diesbezüglich ihre Verantwortung weit von sich, schieben sie vor sich her.

Der Mann muß individuell verantworten, daß er persönlich im Patriarchat Macht ausübt; und zwar unabhängig davon, ob er sie sich eingesteht oder nicht, und unabhängig von der Methode, mit der er sein Ziel erreicht. Sowohl durch die Attitüde der Stärke als auch auf dem Weg des modernen Machos, der durch Schwäche herrscht, erreichen Männer die Unterwerfung der Frau. Bislang streiten so gut wie alle Männer diesen Punkt ab: Sie haben entweder »nichts damit zu tun«, oder sie konstatieren schlicht die Realität, belassen es dabei und hören auf zu denken. Das klingt etwa so: »Na gut, wir leben in einem Patriarchat, dafür kann ich doch nichts«; oder: »Wenn die ganze Welt so ist, dann brauche ich mich auch nicht zu verändern, da doch alles keinen Zweck hat.«

Diese geläufigen Stellungnahmen klingen nach Einsicht, sind jedoch nichts anderes als das Wegschieben der eigenen Verantwortung. Das hat fatale Folgen, die unsere Welt im kleinen und großen, im privaten wie im globalen bedrohen: Einer baut die Atombombe und sagt: »Ich werfe sie ja nicht«, der andere wirft sie, meint aber: »Es ist ja ein Befehl, dafür kann ich nichts«, und der dritte befiehlt den Einsatz und rechtfertigt sich: »Der Gegner zwingt mich dazu.« Jeder einzelne in dieser

Kette fühlt sich erleichtert, weil er seine Verantwortung von sich schieben kann. Alle drei handeln nach dem heimlichen Prinzip des Patriarchats, welches lautet: *Männer haben die Macht, üben sie aus – und streiten es ab.*

An der Verantwortungsübernahme für sein Handeln ist der Mann nicht interessiert. Ihm schweben ganz andere, »wichtigere« Ziele vor, nach denen er strebt: Er will all das sein, was Männlichkeit in unserer Kultur verkörpert. Ob in Politik, Beruf, Partnerschaft, Sexualität – den Mann interessiert nur, wie er überall männlich sein kann, auf welche Weise er sich auf der Skala des männlichen Prestiges selbst erhöhen oder sich erhöhen lassen kann. Zur Erreichung dieses Zieles ist ihm, wenn es darauf ankommt, jedes Mittel recht. In seinem Wettlauf steht er in scharfer Konkurrenz zu anderen Männern. Obwohl er viel von Freiheit spricht, liegt der Mann an der Kette des männlichen Prestiges, ist der Kern seines Wesens nicht frei. Die Werte und Ziele, denen der Mann in unserer Kultur nachjagt, sind nicht frei gewählt, sie sind ihm meist nicht bewußt, also nicht von ihm durchdacht und damit nicht auf ihre Menschlichkeit hin überprüft.

Trotzdem: Er ist dem Ideal des männlichen Prestiges zwanghaft unterworfen; er mißt seine ganze Person auf Gedeih und Verderb an diesem ihm von außen gesetzten Maß. Männer sind von ihrem eigenen Prinzip geknebelt, sind sich jedoch des damit erzeugten Mangels kaum bewußt. Angesichts des hoch gesetzten Männlichkeitsideals stufen sich relativ viele Männer auf der Prestige-Skala weit unten ein. Dem sich ohnmächtig Fühlenden, so die männliche Logik weiter, ist nun aber jedes Mittel recht und sei es noch so menschenverachtend, gefährlich oder gar selbstmörderisch, um sein männliches Prestige zu sichern, das heißt zu mehr Macht zu kommen. Die Erhöhung seines Männlichkeitsgefühls ist ihm wichtiger als die Bedrohung durch einen Atomkrieg, wichtiger als der Erhalt der Erde und im Privaten wichtiger als die Beziehung zur Frau, als ihre Freundschaft und sexuelles Erleben.

Männer und Frauen versuchen angesichts der Realität, Seitenwege um die Verantwortung herum zu gehen. Sie haben die Pflicht und Verantwortung, neue Rollenbilder zu entwickeln.

Aus dieser Verantwortung kann niemand entlassen werden, denn wer sollte dies tun? Es kommt darauf an, für beide Geschlechter Verantwortung genau zu definieren.

»Der Mensch ist verurteilt, frei zu sein«

Für die Existenzphilosophie gilt, daß die gänzliche Verantwortung für sein Leben dem Menschen selbst zufällt. Wenn es niemanden mehr gibt, der dem Menschen seine Verantwortung für sein Dasein abnimmt, ist er selbst verantwortlich. Er ist, wie Sartre sagt, »verurteilt, frei zu sein«[22]. Diese volle Verantwortlichkeit ist in einem doppelten Sinne zu verstehen, zum einen als Verantwortung für die eigene Individualität, zum anderen als »Gesetzgeber für die ganze Menschheit«, für das Menschenbild, welches man wählt. Wenn wir einem Lebensentwurf nachgehen, heißt das gleichzeitig, diesen zu bejahen, denn wir wählen nicht das Schlechte. Was wir wählen, ist aus unserer Sicht immer das Gute, und was für mich gut ist, ist es auch für alle anderen Menschen. Ich bin also für mich wie für alle verantwortlich. Mit Sartres Worten: »Indem ich mich wähle, wähle ich den Menschen«[23].

Verantwortung entsteht dort, wo ich wählen muß, und das Leben zwingt jedem einzelnen dauernd Entscheidungen ab, fordert ihn auf zu wählen, fordert ihn auf, sich und den anderen zu bestimmen. Es ist also nicht so, daß wir uns entscheiden könnten, Verantwortung zu übernehmen oder nicht. Diese Frage stellt sich dem Menschen nicht. Er steht auch nicht in der Situation, daß er entscheiden könnte, sich dem Problem der Liebe zu stellen oder nicht. Das Leben stellt ihn vor die Lebensfrage der Zweigeschlechtlichkeit und fordert seine persönliche Stellungnahme.

So ist es auch mit der Verantwortung. An dem persönlichen Verhalten, der gelebten Stellungnahme, zeigt sich, wie der einzelne die Anforderung der Verantwortung mit seiner Existenz füllt. Wäre der Mensch ein Wesen, das vollständig durch äußere oder innere Bedingungen bestimmt würde, wäre der Begriff Verantwortung sinnlos. Ebenso sinnentleert wäre er bei einem Wesen ohne Bezug und Bindungen. Verantwortung ist begründet in der Freiheit des Menschen, in seiner freien Entscheidung, wie er sich zu den Anforderungen des sittlichen Miteinanders stellt. Der verantwortlich handelnde Mensch steht für das ein, was er getan oder gewollt hat; er mißt damit den Wert seiner Taten sich selbst zu (Nicolai Hartmann)[24]. Ja, der verantwortliche Mensch erhebt sogar den Anspruch auf seine Verantwortlichkeit und Zurechnungsfähigkeit:

Ein sittlich hochentwickelter Mensch bestätigt nicht nur durch seine Selbstzurechnung die Zurechnung der anderen, sondern er erhebt auch den Anspruch auf Zurechnung, ja er sieht sich in seiner Menschenwürde verletzt, wenn ihm die Zurechnung seiner Taten versagt wird. Solches Versagen empfindet er als Unzurech nungsfähigkeits-Erklärung, als ein Absprechen seines sittlichen Wesens als Person, und darum als eine Art Entmündigung und Entwürdigung. Sogar die gutgemeinte Entschuldigung – sei es auf Grund von »Umständen« oder seelischen »Zuständen« – weist der sittlich Reife mit Recht zurück.

Er will verantwortlich sein, wo er sich verantwortlich fühlt. Darum wacht er über der Anerkennung seiner Zurechnungsfähigkeit. Hier steht für ihn weit mehr auf dem Spiel als im absprechenden sittlichen Urteil, das er erfährt: Der Grundwert seiner Personalität, sein Freiheitswert (Nicolai Hartmann)[25]

Diesen Maßstab setzt der verantwortlich im Leben stehende Mensch auch auf andere an, denn spricht man dem anderen ab, was im Bereich seiner Verantwortung liegt, so »negiere ich damit … ihn selbst als sittliche Person« (Nicolai Hartmann)[26].

Nun ist die reale Welt des Patriarchats bekanntlich nicht so beschaffen, daß es viele sittlich hochentwickelte Menschen mit Verantwortungs- und Gemeinschaftsgefühl gäbe. Im Gegenteil, weit häufiger finden sich Schleich- und Umwege, die scheinbare Entlastung von der Verantwortlichkeit verheißen. Das Gefühl der vollen und tiefen Verantwortlichkeit sich selbst und dem anderen gegenüber ist zwingend und nur mit getarnten Manövern zu umschiffen.

Der Mann als sozialer Trittbrettfahrer

Alfred Adler verknüpft die Verantwortlichkeit mit dem Ausmaß des entwickelten Gemeinschaftsgefühls. Gemeinschaftsgefühl umfaßt verantwortliches Handeln, denn wenn ich mich zugehörig fühle, verhalte ich mich auch verantwortlich gegenüber anderen. Jedes andere Verhalten würde ja auf eine eigene Schädigung hinauslaufen. Das Gemeinschaftsgefühl gibt den Grad der Verbundenheit des einzelnen mit seiner Mitwelt an. Es ist die Grundlage für soziales und mitmenschliches Verhalten. Im Patriarchat ist aber die Verwurzelung des Mannes in der Mitwelt stark eingeschränkt. Mit der einen Hälfte der Menschheit fühlt er sich nicht verbunden, sondern im Gegenteil, zu ihr steht er in verachtender Distanz. Mit Frauen möchte er sich nicht auf eine Stufe stellen, denn für ihn bedeutete dies seinen Abstieg vom hohen Roß.

Nur der Mensch, der sich in Feindesland wähnt – und der Mann wähnt sich in bezug auf Frauen in Feindesland – und auch die Verbindung zwischen sich und dem Partner, dem Kollegen, dem Bekannten und Freund nicht sieht, oder der sich weigert, sie anzuerkennen, dem mangelt natürlich auch das Gefühl der persönlichen Verantwortung. Aus seiner Sicht, der eigenen Abgetrenntheit und Ohnmacht, besteht sein Verhalten nur aus Not- und Befreiungsschlägen. Leider fehlt ihm dabei das Bewußtsein der eigenen Schädigung, und so leidet er, ohne es zu wissen. Er wehrt sich hartnäckig, eine eigene Verantwortung anzunehmen oder auch nur für sich in Betracht zu ziehen. Er beharrt darauf, eben nicht verantwortlich sein zu können. Wenn der Mann den Regeln des Patriarchats konsequent folgt, das heißt wenn er Macht ausübt und es abstreitet, negiert er sich selbst als sittliche Person. Dies nimmt er in Kauf, ohne daß es ihn sonderlich irritieren würde. Der Anflug eines leichten Unwohlseins dabei ist schnell beiseite geschoben. Wofür tut der Mann das?

Wogegen er sofort laut protestieren würde, wäre, daß man ihm die Würde als sittliche Person tatsächlich abspräche; warum tut er es dennoch selbst und auch freiwillig? Welches Ziel schwebt ihm dabei vor?

Der Mann lebt nach dem Grundsatz: Erst kommt die Macht, dann die Moral. Nur soll es keiner wissen – darauf kommt es an. In der psychologischen Analyse stößt man auf ein sicherndes, seine vermeintliche Minderwertigkeit verdeckendes Überlegenheitsstreben. Mit diesem Verhalten will er sich als Mann erhöhen. Da ihm aber das Bewußtsein der Verantwortung fehlt, ergeben sich Schädigungen anderer wie selbstverständlich. Alfred Adler nannte die Suche nach der kompensatorischen Überlegenheit schlicht die »Ausbeutung des Gemeinschaftsgefühls der anderen« [27].

Die mangelnde Anschlußbereitschaft des Mannes an die Frau und die Frauen, das gedrosselte Gemeinschaftsgefühl, die egoistische Perspektive und seine Rücksichtslosigkeit anderen gegenüber führen jedoch zwangsläufig dazu, daß der persönliche Gefühlsradius sich zunehmend einengt. Wenn man bedenkt, welche Möglichkeiten der Mann in unserer Gesellschaft hat, sein Größenideal tatsächlich zu erreichen, wird deutlich, daß sein Streben in geheimen Größenideen und Phantasien steckenbleibt und real nicht umgesetzt werden kann. Je größer nun der Kontrast zur Realität wird, desto drängender wird die Gefühlsdynamik in den Größenphantasien aufgeheizt. Sein Gefühlsspektrum kommt aus dem Gleichgewicht, der Lebensradius schrumpft. Er ist nur noch mit sich selbst beschäftigt, nur noch an sich interessiert. Zuletzt bleibt er mit seinen einsamen Größenideen, ob genialer, heiliger oder harmloser Natur, bleibt er mit seinen Büchern, seinem Wein, mit Auto, Computer, Kleidern oder Krankheiten allein. Samuel Beckett läßt in seiner Erzählung »Erste Liebe« einen Mann genau über diesen Punkt der Beziehungslosigkeit sprechen:

Ich kannte die Frauen schlecht, zu jener Zeit. Ich kenne sie übrigens immer noch schlecht. Die Männer auch. Die Tiere auch. Am wenigsten schlecht kenne ich meine Leiden (Samuel Beckett)[28].

Der Mann in unserer Kultur lebt weitgehend von der Wirklichkeit abgewandt. Er führt ein Leben in der Einbildung und Phantasie und bedient sich einer Anzahl von Kunstgriffen, die es ihm ermöglichen, der Verantwortung auszuweichen und eine fiktive Situation anzustreben, die ihn von seinem Beitrag in der

Partnerschaft und in der Gemeinschaft entlastet. Der Mann diktiert der Frau die Regeln ihres Verhaltens und schränkt seine Mitarbeit mehr und mehr ein. Um dieses Ziel zu erreichen, stehen verschiedene männliche Methoden zur Verfügung. Der moderne Macho ist dadurch charakterisiert, daß er auf je individuelle Weise

- Selbstbewußtsein und Verantwortlichkeit aufgibt, um seine Unfähigkeit zu demonstrieren;
- aus seinem Schwächegefühl eine Waffe macht;
- sich ein nahezu undurchdringliches System von Gegengründen schafft, die ihm jede Aktion unmöglich machen, etwa: die Frau ist zu stark; es lohnt nicht; die Frau kann man nicht zufriedenstellen (vgl. Alfred Adler)[29].

James Joyce sagte einmal zu einem Freund: »Ich habe den ehrwürdigsten Beruf gewählt – gib du mir Geld« (Stan Gébler Davies)[30]. In der modernen Zweierbeziehung klingt das etwa so:

Ich bin »leider« so schwach und ängstlich, ich fühle mich unmännlich, habe Probleme, ja »Spezialprobleme«, von denen andere gar nichts ahnen, habe eine so schwierige, unsägliche Kindheit gehabt, die ein anderer zu verstehen gar nicht in der Lage ist; ich bin deswegen so mit meinem eigenen Elend beschäftigt – nimm du, *Frau, mir das Leben ab, sei gleichzeitig auch schuld daran, wenn es* mir *schlechtgeht.*

Wie stellt man es nun aber an, seine Gedanken und Meinungen mitzuteilen, *ohne* dafür zur Rechenschaft gezogen zu werden? Auch dies ist möglich. Für den modernen Mann gibt es eine ganze Palette altbewährter Kniffe:

- Man stricke sich dermaßen in verworrene Gedanken ein, daß ein anderer sich nicht mehr orientieren kann und die Lust zu folgen verliert.
- Man hülle sich in ein Fluidum von Unsicherheit. Nimmt einen wider Erwarten doch jemand beim Wort, hat man es immer »gar nicht so gemeint« und ist »ganz falsch verstanden worden«. – Man deute das, was man meint, nur so versteckt und mit zartem Strich an, daß es der andere überhört, man selbst jedoch stets sagen kann: »Ich habe Standpunkt bezogen, für die Schwerfälligkeit des anderen kann ich nichts!«

- Man lege sich eine manierierte Attitüde zu, die den Clown ausstrahlt, der sich selbst nicht ernst nimmt und den man auch nicht verantwortlich machen kann.
- Man gebrauche ausschließlich allgemeine Anschauungen und Theorien, spreche stets »allgemeingültig« und lasse sich in dem »sachlichen Abwägen« des abstrakten Für und Wider nicht irritieren.

Die unterschiedlichen Symptome, Methoden, und Kniffe des heutigen Mannes dienen dem Ziel, eine Distanz zur Frau zu schaffen. Der Mann braucht diese Distanz, um nicht mit dem eigenen Minderwertigkeitsgefühl als Mann konfrontiert zu werden. Nur in der Distanz kann er seine fiktive Überlegenheit aufrechterhalten – er sichert damit sein Prestige, sein Selbstgefühl als Mann. Dies ist für ihn die Hauptsache. Wenn er dieses Ziel erreicht hat, ist für ihn die Welt »in Ordnung«, sein Interesse schläft ein, sein Engagement erlischt, Gleichgültigkeit macht sich dort breit, wo Liebe sein möchte. Von dem heutigen Mann ist in der Partnerschaft nichts zu erwarten, er ist im tiefsten nur an sich selbst interessiert und daran, daß es ihm gelingt, seine Fassade mit Tünche aufzufrischen. Diese verantwortungslose Passivität läßt die Liebespartnerin ins Leere laufen. Von Männern hört man oft: »Wenn die Frau depressiv ist, hab' ich meine Ruh'.« Solange es der Frau schlechtgeht, kann der Mann es sich gutgehen lassen, kann besorgt, großzügig, einfach »gut« sein – alles aus sicherer Distanz.

Der Mann im Patriarchat ist ein sozialer Trittbrettfahrer, ein Schmarotzer auf Kosten der Frau. Er benutzt die Gefühle der Frau, um an etwas teilzuhaben, das er selber verdrängen kann. Während der Mann seine Gefühle fast vollständig abspaltet und man von ihm nur hört, daß es ihm entweder schlecht- oder gutgehe, leistet die Frau die Gefühlsarbeit in der Beziehung. In die von ihm ausströmende Gefühlskälte bringt sie die lebendige Bewegung des Gefühls. Seine emotionale Frigidität taut sie mit ihrer Wärme auf. So kann der Mann immer sagen, daß er es zu Hause »schön warm« hat. Er genießt die emotionale Wärme, die er nicht gibt, aber verlangt, und ohne die er nicht leben kann.

Nur so, nämlich auf Kosten der Frau, läßt es sich für den innerlich hölzernen Mann auskommen. Mit sich selbst allein, oder auch in Männergesellschaft, breitet sich die starre, leblos-abstrakte Atmosphäre des Patriarchats aus. Meist ist dies für Männer nur mit Alkohol zu ertragen. Aber auch mit Hilfe der Frau fährt es sich für den Mann noch ganz gut. Die Rechnung geht aber für ihn an dem entscheidenden Punkt nicht auf: Das männliche Prestige ist ein Wert, der von der äußeren Welt bestimmt wird, während Selbstwertgefühl persönlichkeits*immanent* ist. Durch ein Agieren mit männlichen Attitüden kann zwar das Prestige steigen, nie jedoch das Gefühl des eigenen Wertes. Ohne wirkliche Beziehung kann sich kein Selbstwert entwickeln, denn Selbstwert ist eine Sicherheit, die aus dem Gefühl sozialer Nützlichkeit entspringt.

Durch die verantwortungslose Selbstbezogenheit dieses Kreislaufes entsteht kein echter Beitrag, kein wirklich sinnvolles Tun. Da die Beziehung verfehlt wird, bleibt die Spiegelung im anderen immer stumpf und verschwommen. Wirklichen Selbstwert gewinnt man nur durch eine reale Beziehung und nicht durch eine Fiktion. Die Voraussetzung für eine reale Beziehung ist das Gefühl der Gleichwertigkeit. Der heutige Mann fühlt sich aber gegenüber der Frau nicht gleichwertig …

Wie wird der Mann ein Mann?

Wie hältst du es mit der Verantwortung? *Wie? Bitte womit? Also hör mal: Ich bin doch hier, weil ich mich so schwach fühle, weil andere immer auf mir herumtrampeln, mich ablehnen und mich nicht ernst nehmen. Und jetzt soll ich … also ich versteh' gar nicht, was das überhaupt damit zu tun haben soll, wenn ich mich im Leben doch einfach nur besser fühlen will, daß mir nicht mehr so viele Ausrutscher passieren, und ich möchte, daß die Beulen nicht so weh tun.*

Sicher, eine fiktive Antwort, aber unrealistisch?

Männer haben noch heute mit Verantwortungsübernahme nichts im Sinn. Wir müssen die Bedeutung dieses Phänomens ganz klar herausstreichen: Die mangelnde Verantwortung des Mannes ist eine Säule seiner Macht. Die Macht gegenüber der

Frau gebrauchen und die Augen davor verschließen, es schlicht abstreiten, das ist das patriarchale Konzept. Sinn dieser Taktik ist es, die Frau in ihrem Aufmerken und ihren Ansprüchen zu verunsichern. Die irritierte Frau ist leichter beherrschbar, da sie die Beziehungsrealität nicht mehr sicher einschätzt. Das Zurückweisen der Verantwortlichkeit im Patriarchat, der Hinweis auf Tradition, Umstände, Strukturen, der Zeigefinger der Unbeeinflußbarkeit, alles dies sind klassische Strategien, um die Macht zu halten und sich nicht hereinreden zu lassen. Wenn Männer heute davon nichts wissen wollen oder meinen, selber nichts daran ändern zu können, ist das nur ein Indiz dafür, daß sie am Alten festhalten wollen: Wenn der Mann die Verantwortung für sein Tun nicht übernimmt, möchte er bei der Verachtung und Geringschätzung, bei der Beherrschung der Frau bleiben.

Wie steht es für den, der sich entscheidet, die »Waffen des sich schwach Fühlenden« abzulegen? Ein Zeichen für die wirkliche Veränderung eines Mannes ist es, wenn er von anderen Männern abgelehnt wird. Männer spüren ganz genau den Einbruch in ihren Machtbereich und versuchen, den »Fremdgänger« zurückzupfeifen. Entwicklung ist unter Männern fast geächtet. Der Mann, der sich heute auf die Frau einläßt, wird von seinen Geschlechtsgenossen zum Schwächling und Schlappschwanz degradiert. »Frauenfreund« ist eher ein Schimpfwort. In der männlich strukturierten Welt hat es ein als weiblich abgestempelter Mann nicht leicht. Man rückt von ihm ab, der Stuhl neben ihm bleibt leer. Für Männer scheint es unangenehm zu sein, es mit jemandem zu tun zu haben, der sich freiere Luft zum Atmen gönnt, dem der Mief der alten, selbstgefälligen Männerseligkeit nicht mehr reicht und der sich immer weniger in seiner Stärke als moderner Macho gefällt. Die Degradierung durch andere Männer trifft den mutigen Mann bewußt an seinem empfindlichsten Punkt: dem männlichen Prestige. Mit diesem Wink wird er an die alte Tafelrunde zurückbestellt. Alleine, auf sich gestellt, ist kaum jemand in der Lage, diesem tatsächlich massiven Druck zu widerstehen. Man möchte dazugehören, aber alle Männer winken in die andere Richtung. Daher ist es so wichtig, daß sich Männer im Positiven solidarisieren und sich gegenseitig in den neuen, menschlichen und sinnvollen Werten bestärken. Schon die Solidarität unter Männern, nicht gegen einen Feind, sondern für die eigene Entwicklung, für die Frau, ist ein großer Entwicklungsschritt über die bisher herrschende Konkurrenz hinaus.

Menschliches Leben ist ein aufgegebenes Dasein, das sich in der Entwicklung erst zu verwirklichen hat. Dabei fällen wir die Grundentscheidung zwischen den Lebensformen der »Eigentlichkeit« und der »Uneigentlichkeit«. Ergreifen wir die uns eigenen Möglichkeiten, um uns selbst zu finden, oder lassen wir uns diese Möglichkeiten von außen vorschreiben, leben also, »wie man eben lebt« (nach Martin Heidegger)[31]?

In unserem Schöpfungsprozeß können wir uns also in der »Uneigentlichkeit« verfehlen oder uns in der »Eigentlichkeit« mit all unseren eigenen Möglichkeiten gewinnen. Diese Eigentlichkeit greifbar zu machen, nachdem sie in der Kindheit verfehlt wurde, ist das Anliegen praktischer Psychologie: »Der zu werden, der man ist« (Friedrich Nietzsche)[32].

Dieses Werden ist immer ein Werden in der Gemeinschaft. Man entwickelt sich in bezug auf den anderen. In diesem Miteinander entfallen auch die Kosten verfehlter Lebenspläne, Neurosen, Psychosen und Verbrechen. Das Ziel der Psychotherapie ist seelisches Wachstum, eine Bewegung hin zur Gesundung. Das Maß dieser Bewegung ist der Grad des entwickelten Gemeinschaftsgefühls. Dieses wiederum zeigt sich daran, daß konkret Verantwortung übernommen und Verantwortungsgefühl für sich beansprucht wird.

Verantwortung zeigt sich schon im Verstehen eines psychologischen Zusammenhangs. Verstehen, zum Beispiel einer unsozialen Haltung, beinhaltet den Anspruch auf Veränderung. Dieses spürt man dunkel, wenn man sich gegen Selbsterkenntnis sträubt. Ja, man kann dieses Ausweichmanöver so weit ausbauen, daß man eher den Preis zahlt, für schwerfällig zu gelten, als verstehen zu wollen. Verstehen hat Konsequenzen. Auch Denken, Handeln und Fühlen haben konkrete Auswirkungen in der Zwischenmenschlichkeit und damit Konsequenzen. Wachsen heißt, zunehmend für sich, sein Handeln und sein Innenleben verantwortlich sein zu wollen. Auch die Philosophie weist uns die Verantwortlichkeit für unser Menschen-, das heißt Frauen wie Männerbild, zu.

Perspektiven der Entwicklung
Die Emanzipation des Mannes

Voraussetzung für die gelebte Gleichwertigkeit der Geschlechter ist die wirkliche Aufarbeitung des männlichen Minderwertigkeitsgefühls. Seine Kompensation, das zeigt sich seit Jahrtausenden, führt nur zum fiktiven Überwertigkeitsideal des Mannes und zur Verachtung des Weiblichen. Statt in patriarchaler Kompensation zu herrschen, muß der Mann sein konstruiertes Schwächegefühl verstehen und aufarbeiten. Der Mann muß dann nicht mehr *unbedingt* mehr sein wollen als die Frau, sondern kann gleich, gleichwertig sein. Die innere Anspannung des ständigen Überlegen-sein-Müssens legt sich. Durch die persönliche Entwicklung und Beziehung zur Frau entsteht anstelle der abblätternden Tünche ein tragendes Selbstwertgefühl. Der heutige Mann glaubt, sich diesen Schritt emotional noch nicht leisten zu müssen, er kann sich ihn nur andeutungsweise vorstellen. Es erfordert den Mut eines erwachsenen Menschen, den sich der Mann in seiner Sohneshaltung nicht zutraut. Söhne müssen Männer werden – Männer sich zu Partnern entwickeln. Ein Mann im Aufbruch beschreibt dies so:

Je mehr ich als Mann von meinen tradierten Rollenmustern und unbewußten Gefühlsdispositionen weiß, desto weniger kann ich sie oder die allgemeinen Verhältnisse als Rechtfertigung für mein Handeln, für meine Ablehnung und Verachtung der Frau, heranziehen.

Verantwortung stellt den persönlichen Anspruch, mich zu entscheiden:

- *Möchte ich weiter im patriarchalen Arrangement, als sozialer Trittbrettfahrer auf Kosten der Frau leben und sie ausbeuten?*
- *Oder entscheide ich mich dafür, gemeinsam mit der Frau, auf einer Stufe mit ihr, die Welt und die Liebe zu erobern?*

In dem Maße, wie ich Verantwortung für mein Leben, Fühlen, Denken und Handeln übernehme, wächst mein Aktionsradius und meine persönliche Freiheit. Heute ahne ich nur vage, was ich als Mann an Persönlichkeit gewinnen könnte, wer ich als Mann sein könnte, wenn ich die Frau gefühlsmäßig in mein Leben miteinbeziehe und mich auf sie einlasse. Was mich heute noch hindert, ist das Gefühl, daß sich im nahen persönlichen Kontakt mit der Frau das herausstellt, was ich schon lange befürchte, aber immer zu verbergen trachte, daß ich in dem Gefühl lebe, als Mann nicht zu genügen, kein richtiger Mann zu sein.

Dieses Minderwertigkeitsgefühl muß ich durch Distanz und Abwertung der Partnerin beruhigen. Die reale Frau mir gegenüber hat damit eigentlich gar nichts zu tun, sie bekommt nur das Gefühlsergebnis ab.

So fühlt männliche Logik an der Wahrheit vorbei und begnügt sich mit dem Verweis auf allgemeine sittliche Anforderungen. So zielen Männer mit der Erkenntnis ihrer Motive und den Deutungen ihrer Haltung ins Leere.

Viele Männer leben – wie unser Mann im Aufbruch – in der Vorstellung, daß sie sich für die Frau und die Liebe entschieden haben. Für sie ist das Problem ihrer Emanzipation gelöst. Wenn es da nicht die Liebe gäbe. Denn die reale Beziehung deckt unverblümt auf, wieweit die Idee verwirklicht, die Absicht wahr geworden ist.

Wirkliche Emanzipation erfordert vom Mann den Mut, sich zu zeigen und sich nicht zu verbergen hinter dem Gefühl »Ich genüge nicht als Mann«. Es nützt wenig, nicht zu genügen; richtig ist, sich zu verändern und ein richtiger Mann zu werden.

Die Aufarbeitung des Minderwertigkeitsgefühls, mit dem sich Männer – scheinbar – so sehr abmühen, liegt vor der Emanzipation und kann nicht als Hilfskonstruktion für die Emanzipation eingesetzt werden. Das bemühte Schwächegefühl verrät lediglich die halbherzige Absicht und bietet dem Mann das Alibi, in gewohnter Distanz zur Frau zu verweilen. Die wirkliche Aufarbeitung der gefühlten Unfähigkeit liegt in der Erkenntnis, daß jede menschliche Unfähigkeit zur entsprechenden Fähigkeit aufruft. Es ist ein Gesetz der seelischen Dynamik, vom Negativen zum Positiven zu streben.

Männer, die sich im Tiefsten ihrer Seele nicht »als richtiger Mann« fühlen, könnten dem schnell Abhilfe leisten. Denn indem sie der Frau genügen wollen, sich ihr zuwenden, wären sie richtige Männer, und das Problem wäre gelöst. Zumal der Anspruch der Frauen heute eher noch zu gering ist, dürfte das für einen Mann eine der leichtesten Übungen sein.

Diese einfache Logik wird von den logischen Männern erstaunlicherweise nicht erfaßt.

Mütter und Söhne

Das Beziehungsmuster zwischen Müttern und Söhnen ist eine der Ursachen für den Kampf zwischen den Geschlechtern. Männer sind bis heute der Aufgabe ausgewichen, die Realität dieses individuellen Beziehungsmusters herauszuarbeiten. Die erste Frau im Leben jedes Mannes ist die Mutter, und die hier erworbenen unbewußten Erfahrungen, Einstellungen und Vorstellungen prägen sein Verhältnis zur Frau. Die Konsequenzen dieser Erfahrung verhindern eine wirkliche Beziehung in den Partnerschaften. Es ist ein offenes Geheimnis, daß

- Männer sich ungern an ihre Mutter erinnern;
- Männer ihre Mutter schützen;
- Männer so gut wie nichts über ihre Mutter wissen;
- Männer ihre Beziehung zur Mutter verdrängen;
- sich ihre Aussagen auf das Fazit reduzieren: Sie war anwesend.

Wo liegt die Ursache dafür, daß Männer sich so wenig für ihre Mütter interessieren, sie nicht kennen und nicht wirklich schätzen?

Männer werden von Frauen erzogen. Wie ist es dann zu erklären, daß Frauen als Leidtragende des Patriarchats ihre Söhne zu künftigen Trägern desselben erziehen?

Die neue Männer-Literatur hält an dieser Stelle warme Wadenwickel für den Mann bereit: Söhne durften sich nicht voll entwickeln. Ist das Patriarchat demnach die notwendige Folge der dünnen Luft in der Kinderstube? Sind Söhne Opfer ihrer Mütter? Die Frau als Begründerin des Patriarchats? Zeigt sich hier ihre Lust am Leiden, die schon Freud in der weiblichen Seele gesehen hat?

Entsprechend männlicher Logik schlagen Männer an dieser Stelle einen bewährten Haken. Genau hier wittern sie ihre Chance, die gesamte patriarchale Struktur, mit der sie sich selbst zu beschäftigen hätten, einer Frau anzulasten. Man weiß es seit Jahrtausenden: Schuld hat immer die Frau – nun also auch daran. Schein und Wirklichkeit verweben sich auf kaum entwirrbare Weise. Wie sieht nun das Leben einer Frau in einer patriarchalen Struktur wirklich aus? Wie sind ihre Rollen als Frau und Mutter definiert?

In der Beziehung zwischen Mutter und Sohn spiegelt sich die komplexe Problematik zwischen Mann und Frau wider. Ihre verinnerlichte Enttäuschung, die ständige Verleugnung ihrer eigenen Bedürfnisse hat bereits in ihrer Ehe zu einer maßlosen Frustration und Resignation geführt. Mit der Geburt ihres Sohnes hofft sie auf eine liebevolle Beziehung zum anderen Geschlecht. Zur Verwirklichung ihrer Hoffnung steht ihr nur das weibliche Konzept der Einfühlung und des Verständnisses zur Verfügung. Ja, um eine gute Mutter zu sein, erweitert sie es gar, indem sie die aufopfernde und selbstlose Rolle übernimmt, in der Hoffnung auf die ersehnte Bestätigung als Frau. Ihr Sohn soll der ideale Mann werden, endlich ein Mann, der sie schätzt und versteht.

Mit dem geleisteten Verzicht auf ihre eigenen Bedürfnisse versäumt die Mutter, das soziale Gefühl bei ihrem Sohn zu trainieren. In dem Irrtum, daß seine Liebe später komme, leistet sie unbegrenzte Liebesdienste. Sie verstärkt damit bei dem Sohn das Gefühl, daß es in einer Beziehung auf ihn nicht ankommt. Sie läßt im Sohn das Bild einer Beziehungsrealität entstehen, die einseitig von der Beitragsleistung der Mutter lebt. Der Sohn wird somit früh zum Ausbeuter weiblicher Gefühle. Sie ist zwar für sein Wohl und Wehe verantwortlich, darf dafür aber keine Gegenleistung erhoffen.

Durch ihre Sozialisierung ist die Frau von Kindheit an nur allzu gut auf diese Rolle als Mutter vorbereitet. Sie verzichtet gern und unbegrenzt, wenn es nur zum Nutzen des Sohnes ist. Wie schon in der Ehe leugnet sie vor sich und dem Sohn Gefühle der Enttäuschung. Sie erzieht so – indem sie sich nicht als eigenständige Persönlichkeit mit Wünschen und Ansprüchen in die Beziehung mit dem Sohn einbringt – einen vorbildlichen Egoisten, der sich später als nützlicher Träger des Patriarchats erweisen wird.

Der Junge fühlt sich schon frühzeitig als Nabel der Welt, der er in den Augen der Mutter ja auch ist. In der Regel verändert sich diese Gefühlsausstattung im Laufe seines Lebens nicht. Der Junge lernt in seiner egoistischen Orientierung schnell, die

Mutter als dienstbaren Geist, als Perle, für sich zu nutzen. Heimlich, vor ihm selbst und den anderen verborgen, weiß der Junge um diese seine Orientierung. Nach außen spielt er gerade deshalb den lieben und braven Sohn. Er spürt sein Ungenügen und weiß im Innersten genau: Man müßte die Mutter lieben. Bravheit und höfliche Distanz sind geeignete Attitüden, um diesen Gefühlshintergrund zu verbergen. Die Erkenntnis der Realität, daß der Sohn sie gar nicht kennt und nur aus der Ferne liebt, kommt oft für Mutter und Sohn zu spät. Der Sohn hat bereits die männliche Attitüde der Dominanz über die Frau verinnerlicht, und zur weiteren Orientierung dient ihm der Vater. Er ist der Leitstern seiner Männlichkeit. Seine Attitüden, seine persönliche Art, in Distanz und Überlegenheit mit der Frau zu leben und doch ihr Nutznießer zu sein, faszinieren den Sohn. Ihm strebt er nach, seine Methoden perfektioniert er und lebt sie später fotografisch getreu in der eigenen Beziehung nach.

Die eigene Kindheit kann nicht als Freibrief für heutiges unsoziales Verhalten dienen. Es klingt schon in den Ohren: »Daß ich so schlecht mit der Frau umgehe, hat tiefe Ursachen, für die ich nichts kann und für die ich nicht verantwortlich bin. Du mußt mich schon entschuldigen.« Der heutige erwachsene und voll zurechnungsfähige Mann hat die Aufgabe, sich mit der Beziehungsrealität ernsthaft auseinanderzusetzen. Das Bewußtsein, selber so gemacht worden zu sein, kann nicht dazu herhalten, bis in alle Ewigkeit auf Kosten der Frau leben zu wollen. Der Mensch kann sich entwickeln. Gefühlsirrtümer – und die Überbewertung des Mannes ist ein solcher Irrtum – sind kein Schicksal, sondern sie sind veränderbar. Für den heutigen Mann kommt es darauf an, verstehen zu lernen, daß auch die Mutter in patriarchale Gefühlsstrukturen eingegliedert war und aus eigener Kraft nicht aus ihnen heraus konnte. Seine Schuldzuweisung an die Mutter ist ungerechtfertigt. Er schützt dadurch vor allem sich selbst und seinen Machtanspruch. Wenn der Mann als Nutznießer des Patriarchats eine Frau als Leidtragende dafür verantwortlich macht, daß sie das Unterdrückungssystem mitträgt, hat er zwar einen Zusammenhang erkannt, setzt diese Erkenntnis jedoch nicht sinnvoll um, sondern entlastet sich damit von der Aufgabe, sich zu ändern.

Das Dilemma der Erziehung zum Mann

Dirk schildert in der Analyse seine Schwierigkeiten mit Frauen. Seine Selbsteinschätzung stimmt mit der Realität nicht überein. Er lebt und liebt mit der Überzeugung, daß er sich immer unterwirft, daß seine Attitüde im Leben eine weibliche ist. Bis jetzt ist ihm nicht bewußt, daß seine Bereitschaft, sich anzupassen, nur eine moderne Methode ist, sich Frauen zu entziehen und sie damit in Spannung zu versetzen. Nach dem guten alten Sprichwort »Du hast recht, und ich hab' meine Ruh',« ist er als Partner nicht »habbar« und nicht vorhanden. Insgeheim lebt er mit Frauen und über Frauen sein eigenes Leben. Seine berechtigten Schuldgefühle Frauen gegenüber erklären sich aus dieser unpartnerschaftlichen Position.

Mehr und mehr registriere ich als Grundgefühl Frauen gegenüber die Verachtung. Bei Elternbesuchen habe ich meiner Mutter gegenüber schon in der Haustür das Gefühl »wie mit einem stinkenden Fisch«. Ich erlebe sie reserviert und ablehnend, obwohl sie mich als ihren einzigen Sohn wahrscheinlich liebt. Ich projiziere meine eigene Ablehnung auf sie. Mit dieser Projektion befreie ich mich von dem Gefühl, ein schlechter Sohn zu sein. Nicht ich lehne sie ab, was ich als guter Sohn nicht darf, sondern sie lehnt mich ab. Noch heute brauche ich ihre Anerkennung und möchte von ihr als Mann akzeptiert werden. Deshalb verberge ich meine ablehnenden Gefühle hinter einer Maske der Bravheit. Trotzdem habe ich Schuldgefühle, und vordergründig bin ich immer bereit, mich zu unterwerfen. In meinen Partnerschaften kann ich zum Beispiel aus dem großen Ausmaß meiner Unterwerfungsbereitschaft auf den Grad meiner Verachtung schließen. Ich versuche dann, der Frau das Gegenteil meiner wahren Gefühle zu suggerieren, daß ich sie nicht verachten und beherrschen will, sondern mich zu unterwerfen bereit bin. Mit diesem Verhalten möchte ich mich von den typischen »schlechten« Männern abheben, denn in meiner Moral ist Unterwerfung das Gegenteil von Herrschen und Bezwingen. Um das Gefühl der Verachtung zu verdecken, plustere ich mich erst auf, und wenn die Beziehung enger wird, unterwerfe ich mich. Beides sind Wege, um meine Ziele, zum Beispiel Sexualität, zu erreichen.

Die Verachtung der Frau entstammt der klassischen geschlechtstypischen Sozialisation des Mannes. In seiner Analyse berichtet Dirk, daß er als kleiner Junge seine Mutter sehr geliebt hat. Zwischen ihm und ihr fand ein intensiver Gefühlsaustausch statt. Sie hatte das Sagen im Haus, und er lebte gern in ihrem Einflußbereich. Sie gab den Ton an, vermittelte ihm, welche Meinungen gelten sollten, was gut und was schlecht war. Je älter er wurde, desto mehr registrierte er die tatsächliche Stellung seiner Mutter. Irritiert nahm er wahr, daß die geliebte Mutter zwar im Hause diese wichtige Stellung einnahm, daß außerhalb jedoch der Vater bestimmte. In der großen Welt, wo auch Dirk später seinen Platz als Mann einzunehmen hatte, galt der Vater. Auch unter seinen Kameraden in der Schule zählten die »Mütter« wenig. Die Mutter war für das körperliche Wohl und für die Tröstung zuständig, aber eigentlich war sie zu weich. Der Vater, der Mann in der Familie, war härter. Die wichtigen Dinge entschied er. Wegen dieser untergeordneten Stellung begann er, die Mutter zu verachten.

Hier liegt der erste Gewissenskonflikt für den Sohn. Fühlt er doch, daß er die einst geliebte Mutter jetzt verachtet und es doch eigentlich nicht darf. Also beginnt er, sein Gefühl zu verleugnen, damit die Mutter seine Verachtung nicht spürt. Als Junge ist er angewiesen auf ihre Anerkennung. Wie rettet sich Dirk nun aus dem Dilemma zwischen *Verachtung* und *Abhängigkeit?* Er entwickelt eine scheinbar brave Attitüde, hinter der er seine Verachtung verbergen kann: Er wird höflich und nett. Insgeheim fühlt er sich aber als Betrüger, und aus dieser zutiefst gefühlten Spannung entstehen Schuldgefühle, die Dirk später auf alle Frauen übertragen wird. So beginnt für Dirk ein Kreislauf, in dem sich viele Männer befinden.

Die Liebe beginnt. Dirk ist verliebt, und er ist sich seiner Verachtung der Frau gegenüber nicht bewußt. Er schätzt die Frau. Nach einer gewissen Zeit der Liebe wird Dirk plötzlich so unangenehm brav und höflich. Er sagt immer »Ja«, aber man spürt, daß er mit seinen Gefühlen weit weg ist. Plötzlich, wie aus heiterem Himmel, fängt er an, sich zu beklagen, »er sei so ein Anpasser, er sei so weiblich …«. Eigentlich ist das der Anfang vom Ende. Seine früh erworbene Verachtung Frauen gegenüber hat ihn eingeholt. Aus Schuldgefühlen heraus wird er immer braver, nach dem Prinzip: je größer die Verachtung – desto größer die Schuldgefühle – desto größer die Unterwerfungsbereitschaft.

Was jedoch bleibt und sich nicht verändert, ist seine Distanz zu Frauen. Unberührt von all seinen vordergründigen Verhaltensweisen, bleibt sie der Kernpunkt seiner Beziehung zu Frauen. Jeder Mann muß in dieser oder ähnlicher Konstellation seinen individuellen Weg finden: Scheinbare Bravheit, Anpassungs- und Unterwerfungsbereitschaft sind die klassischen Attitüden des modernen Machos. Er hat sie schon als Kind entwickelt und mit Erfolg trainiert – jetzt kann er nicht lieben.

Der Männlichkeitswahn in der Partnerschaft

Die geheimen Tricks der Männer

Das folgende Beispiel zeigt die Gefühlshaltung eines Mannes auf, mit der er die Frau bezwingt und einer gleichwertigen Partnerschaft entgegenarbeitet. Dabei treten alle bereits beschriebenen Attitüden sehr plastisch hervor. Der wiedergegebene Ausschnitt aus einem therapeutischen Gruppengespräch zeigt authentisch, was wirklich in einem Mann vorgeht.

Ausgangspunkt des Gespräches ist, daß die Partnerin des Mannes verunsichert ist und sich verletzt fühlt, weil er ständig etwas an ihr auszusetzen hat, sein eigenes Verhalten jedoch mit Wohlwollen betrachtet. Nach seinem Gefühl muß sich die Frau immer entsprechend seinen Ratschlägen verhalten. Letztlich muß die Frau also tun, was er will – sonst ist er beleidigt. Die Frau zieht daraus die Konsequenzen und trennt sich zunächst, was dem Mann insgeheim entgegenkommt.

Therapeutin: *Was hat Ihr Denken mit dem Handeln Ihrer Partnerin zu tun? Jeder Mensch ist frei, seine Meinung zu haben und zu tun, was er will. Wie kommen Sie zu dem Gedanken, der Partnerin etwas vorschreiben zu können? Beleidigt zu sein heißt ja, einen Anspruch darauf zu haben, daß Ihre Partnerin tut, was Sie wollen.*

Mann: *Wenn sie mich liebt, macht sie, was ich sage.*

Therapeutin: *Wenn sie mit Ihnen will, muß sie tun, was Sie wollen?*

Mann: *Ja. Es ist im Gefühl wie ein berechtigter Anspruch. Ich finde nur Leute nett, die auf mich eingehen.*

Therapeutin: *Aber Sie verachten sie auch noch. Wie erklären Sie sich das?*

Mann: *Ich bringe meine Partnerin dazu, sich komisch zu fühlen.*

Therapeutin: *Wozu brauchen Sie das?*

Mann: *In dem Augenblick fühle ich mich größer, zum Beispiel, wenn die Partnerin ein Problem hat und ich mich da besser und höher fühle.*

Therapeutin: *Welche eigenen Qualitäten und Vorzüge haben Sie, daß Sie glauben, die Frau verachten zu können? Man könnte sagen: Ich bin ein toller Mensch, ich habe mir viel erarbeitet, das gebe ich jetzt weiter: Welche Beweise können Sie dafür vorlegen, daß Sie in der Zweierbeziehung automatisch den Erziehungsberechtigten spielen?*

Mann: *In der Beziehung habe ich mir diese Frage noch nie gestellt. In den einzelnen Situationen fühle ich mich aber tatsächlich besser, praktischer, vernünftiger als meine Partnerin. Es ist immer dann für mich »erhebend«, wenn sie auf meine Ratschläge eingeht.*

Therapeutin: *Es ist für Sie »erhebend«, wenn die Partnerin ihre Schuhe im Supermarkt Ihrer Wahl kauft? Es ist für Sie immer dann »erhebend«, wenn Sie jemanden gefunden haben, der exakt tut, was sie wollen – entsprechend Ihrer gerade gültigen Meinung.*

Aus dem Gespräch wird deutlich, daß der Mann sich immer dann »mehr« und »oben« fühlt, wenn seine Partnerin ihm in allem recht gibt, wenn sie ihm in jedem Punkt folgt. Dann fühlt er sich »groß«, dann fühlt er sich als Mann bestätigt. Der Mann bezieht aus dieser Konstellation sein Persönlichkeitsgefühl, das – weil keine wirkliche Basis dafür vorhanden ist – auch ständig aufs neue bestätigt werden muß.

Es scheint ein allgemeiner Zug bei Männern zu sein, die *Erziehungsberechtigung* über die Frau zu beanspruchen. Da sie sich in ihrem Gefühl nicht mit der Frau solidarisieren können, ist echte Nähe für sie nicht möglich, und als Ausgleich dafür wählen sie die Überlegenheitspose. Männer erhöhen gern ihr Selbstwertgefühl auf Kosten *anderer,* besonders über die Abwertung der Frau. Wenn diese Methode, »Selbstwertgewinn durch Abwertung anderer«, in der Kindheit gelungen ist, verfestigt sie sich später zum Zwang, der sich kaum mehr abstellen läßt.

Wie die Analyse ergibt, mußte der Mann im oben geschilderten Gespräch in seiner Kindheit keinen Schritt auf die Frau zugehen. Immer waren es die Frauen, die sich um ihn drehten. Es wurden keinerlei Ansprüche an ihn gestellt. Vielmehr entstand in ihm der Anspruch, daß die Frau ihm die Bestätigung geben muß – ohne daß er dafür irgendeine Gegenleistung zu erbringen habe. Schon um seine Geschwister und seine Mutter mußte er sich nicht wirklich bemühen. Und weil er sich keine Mühe *geben* mußte, immer nur *nahm,* entstand keine tiefe Beziehung, stellte sich Ablehnung ein.

Dieses in der Kindheit trainierte Verhaltensmuster wendet er auch heute noch an: Er bringt eine Frau dazu, sich in ihn zu verlieben, und je mehr sie sich verliebt, desto mehr verachtet er sie. Auf Zuwendung seitens der Frau reagiert der Mann mit Distanz und Rückzug, um seine Überlegenheit zu wahren. Davon ist sein Verhalten bestimmt; besonders nach guten und nahen Situationen mit der Partnerin fällt er in den Männlichkeitswahn zurück. Geschickt findet er immer gerade dann einen Grund, seine Partnerin zu enttäuschen, wenn er ein Alibi für seine Distanz braucht. Denn wer kann sich schon einer enttäuschten Frau zuwenden?

Eine weitere erfolgreiche Methode des Mannes, sich die Partnerin »vom Leibe zu halten«, ist sein ständiges Rechthabenwollen, seine Nörgelei: seine Überlegenheitspose.

Es ist absurd und dennoch wahr: Ein Mann fühlt sich größer, wenn die Partnerin Schuhe im Geschäft *seiner* Wahl kauft.

Wie schwach muß sich ein Mann fühlen, der wächst, wenn die Frau das tut, was er will. Nichts beweist deutlicher als dieses Beispiel (unzählige ließen sich hinzufügen), daß Männer gleichzeitig Schöpfer und Opfer des geltenden männlichen Systems sind. Wie lange werden Männer noch mit dieser Fehlkonstruktion leben können, die sie im Grunde zu einer Witzfigur vor sich selbst und vor ihrer Umwelt macht, die sie degradiert zu Machthabern ohne Macht, zu machtlosen Machtträgern? Wie lange wird es dauern, bis Frauen in den Machtallüren ihres Partners die dahinterliegende Feigheit und Machtlosigkeit entdecken und sich nicht länger einschüchtern lassen?

Vierter Teil

Der gemeinsame Weg

Realitäten erkennen und verändern

Für den Mann steht die Welt kopf, wenn die Frau sich selbstbewußt neben ihn stellt; das allein genügt schon. Er ist es gewohnt, sie großzügig gewähren zu lassen, wenn es seiner Laune entspricht – aber jetzt nimmt sie sich ungefragt, was ihr zusteht: Gleichwertigkeit.

Der Widerstand der Männer ist erbittert, sie unterstellen der Frau ungefragt das eigene Motiv: Machtstreben.

Aber Frauen wollen Beziehung und humane Werte wie Kooperation, Liebe und Gleichwertigkeit. Sie bieten dem Mann an:

Wenn ich dich für meine Werte gewinne, gewinnen wir beide. Wenn du deine alten männlichen Werte durchsetzt, verlieren wir beide.

Einschlafen statt beischlafen

Unser Kapitel »Der gemeinsame Weg« zeigt die Gefühlsrealität heutiger Beziehungsmuster zwischen Männern und Frauen auf. Realitäten zu erkennen und sich nicht wegzustehlen vor unangenehmen Erkenntnissen und Wahrheiten ist ein erster, mutiger Schritt zur Veränderung und bedeutet, den »gemeinsamen Weg« zu gehen.

Nicht viele Menschen möchten sehen, was doch wahr ist, und die Fluchtwege in unserer Kultur sind mannigfaltig und voller Verheißung. Aber der Schein trügt. In der Liebe zeigen sich die katastrophalen Folgen einer Fehleinschätzung des Menschen, des Lebens überhaupt. Sie zeigen sich deutlich, zwingend und durch keine Männerlogik wegzudiskutieren. Wenn Mann und Frau sich begegnen – dann träumen beide von der Liebe. Nur allzu bald ist der Traum ausgeträumt; Feindseligkeit und Mißtrauen beherrschen die Stimmung.

In der irritierten Sexualität kommt dies besonders zum Ausdruck. Hier zeigt sich, wie Mann und Frau in ihrem tiefsten Inneren zueinander stehen, ob sie sich mögen oder ablehnen, ob sie sich hingeben wollen und können. Die Probleme in der Sexualität sind vielfältig und zunächst nur schwer zu erfassen. Aber eines ist sicher: Sexuelle Störungen lassen sich nicht wirklich verleugnen. Jede Form der Verleugnung und Verdrängung ist aussichtslos und endet in der resignativen Feststellung, daß die »sexuelle Anziehung« eben fehle. Eine Zeitlang trösten Erklärungen wie chronische Müdigkeit, Streß, Termine. Aber der erlebte Mangel an Nähe bestimmt eben doch das Gefühlsleben und die Stimmung in der Partnerschaft. Distanz und untergründige Feindseligkeit sind die Folgen, das verursachte Leid oft grenzenlos. Mit beschwichtigenden Feststellungen wie »So wichtig ist die Sexualität auch nicht« wird aus der Not eine Tugend gemacht; wissenschaftlich distanzierende Begriffe wie sexuelle Lusthemmung und sexueller Lustmangel (Stern)[33] begünstigen lediglich die Tendenz der Resignation und zementieren sie ex cathedra.

Nur allzu leicht finden sich Männer und Frauen in ihrer

Liebe damit ab, daß eben die Sexualität an Faszination verloren habe, körperliche Nähe und Wärme soll Sexualität ersetzen. »Kuscheln« steht hoch im Kurs. Aber Vorsicht, in einer Beziehung, in der die Sexualität nicht mehr lebendig ist, naht zumeist ein Ende mit Schrecken. Es ist für die Liebe gefährlich, wenn Partner sich darauf einigen, weniger Lust zu brauchen. Sinnvoller ist es, sich zu fragen, wie man wieder mehr Lust bekommen kann, wo die Ursachen für die mangelnde Lustbereitschaft liegen. Die Sexualität spielt in der Liebe, ob wir es wollen oder nicht, eine fundamentale Rolle. Niemand kann ungestraft dieses Gesetz der Liebe verletzen. Männer tun es dennoch – warum?

Männer ziehen sich zurück. Aber warum gerade jetzt? Jetzt, wo die Frauen die Lust an der Sexualität entdeckt haben, sie nicht mehr eingezwängt leben in dem moralischen Korsett der Körperfeindlichkeit? Warum beschließen Männer gerade jetzt den Rückschritt und verkünden sexuelle Neutralität? Sollen etwa die Frauen durch diesen passiven Widerstand der Männer auf ihre alte Rolle der *Lustempfängerin* verwiesen werden, damit der Mann sich weiterhin als *Frauenbeglücker* erweisen kann? Ein häufiges Männerargument ist: »Die Frauen werden zu stark, sie verlangen zu viel ...« Die Ursachen für männliche Unlust sollen also, nach bewährter Tradition, den Frauen zugeschoben werden. Die Frau ist schuld – eine Lieblingsidee des Mannes.

Die eigentliche Frage ist aber, ob Männer sich hier nicht in den eigenen Fallstricken patriarchalen Denkens und Fühlens verfangen. In ihrem konkurrierenden Eifer, in ihrem Männlichkeitswahn, verfehlen Männer zielsicher ihre Bestimmung: die Liebe. Sie finden sich mit Entsetzen wie Traumtänzer inmitten einer Welt des Machtgerangels wieder, wo Liebe und Lust ausgeblendet sind. Es ist aussichtslos, dieses eigene Entsetzen der Frau zuzuschieben, anstatt sie anzuschauen und sich auf sie einzulassen. Denn schließlich sind sexuelle Lusthemmung und sexueller Lustmangel die konsequenten Folgen einer patriarchalen Gesinnung, die Männer von der Liebe ausschließen und sie auf die Funktion eines Machthabers über die Frau degradieren.

Die Sexualität – ein Spiegel der Beziehung

Es ist ein Fehler, Sexualität isoliert zu betrachten. Sexualität ist integrativer Bestandteil der Liebe von Mann und Frau – hier spiegelt sich ihre Beziehung wider, hier zeigt sich, was sie verbindet und abstößt. Schon Wilhelm Reich stellte den Zusammenhang zwischen Beziehungsfähigkeit und Sexualität her.

Es kommt ganz auf die Art der Unstimmigkeiten an, die jedes länger dauernde Verhältnis zwischen Menschen zu begleiten pflegen, ob und in welchem Ausmaß sie die Intensität des Sexualerlebens herabsetzen. Die Herabsetzung wird um so eher zu einer krankhaften Störung ... je größer ... der Energieaufwand ist, dessen es bedarf, um die Ablehnung des Partners zu überwinden.[34]

Alfred Adler erklärt Sexualstörungen in ähnlicher Weise als »eine Abneigung und einen Mangel an Übung, Beziehungen zu anderen Menschen anzuknüpfen«[35].

Dieser Zusammenhang zwischen der geringen Wertschätzung von Weiblichkeit einerseits und der Erhöhung und Selbstüberschätzung des Männlichen andererseits ist noch heute die Ursache mangelnder Liebesfähigkeit beider Geschlechter. Ungewollte und nicht bewußte Gefühlsverletzungen zwischen den Partnern verhindern sexuelles Erleben. Es hilft uns nicht, das zentrale Problem der schwindenen Gefühlsregungen nach anfänglich großer Verliebtheit in den Partnerschaften zu einer natürlichen Gesetzmäßigkeit zu erklären. Nur ein Verstehen der tieferliegenden Ursachen ermöglicht Veränderung.

Was geschieht eigentlich, wenn Mann und Frau sich verlieben? In wen oder was verlieben sie sich wirklich? Zunächst verliebt sich jeder Mensch aus Sehnsucht nach Zärtlichkeit und Verstandenwerden, in der Hoffnung auf Liebe. Jeder will seinen individuellen Traum aus der Kindheit verwirklichen und – verleugnet den realen Partner. Zumeist idealisiert die Frau den Mann, und dieser läßt sich das nur allzu gern gefallen. Hier liegen häufig bereits die Ursachen künftiger Ungleichpositionen in der Liebe. Allzu oft ist der Mann lediglich in die wundersame Spiegelung seines Ichs durch die Frau verliebt – die Frau bleibt ihm das unbekannte Wesen. Auf die Dauer erweist sich diese Gefühlskonstellation zweier Menschen als brüchiges Arrangement. In einer Beziehung, in der nur der Mann idealisiert wird, die Frau lediglich als Spiegel dient, kann keine Gleichwertigkeit, keine Freundschaft entstehen. Jeder fühlt sich im Recht – und beide haben doch unrecht. Der Mann, der den Anspruch auf Idolisierung stellt, und die Frau, die dieser Aufforderung nachkommt, sie beide verfehlen ihr eigentliches Ziel. Beide verleugnen den anderen und können sich nicht kennenlernen, einander nicht erkennen. Der Frage »*Wer* ist mein Partner / meine Partnerin wirklich? *Wie* ist er / sie?« weichen Männer und Frauen erfolgreich bis zum Ende ihrer Beziehung aus. Einander *wirklich* wahrzunehmen, den anderen zu erforschen, das könnte sich als das eigentliche Abenteuer erweisen. Statt dessen findet ein Ringen, ja geradezu ein Kampf um Harmonie statt. Eifrig und bemüht versuchen beide Partner, die Unebenheiten des anderen, seine Schwächen und Unzulänglichkeiten nicht wahrzunehmen, sie zu leugnen.

Nach dem Prinzip »Weil nicht sein kann, was nicht sein darf« werden störende, verletzende Gefühle nicht einbezogen in das partnerschaftliche Geschehen, in das gemeinsame Gespräch. Besonders in der Sexualität, die eine Fortsetzung des Gesprächs auf körperlicher Ebene sein sollte, zeigen sich die Folgen: Das Gespräch verstummt, die Lust bleibt aus. Spröde und gehemmt stehen sich die Partner in der Liebe gegenüber, wenn es darum geht, über wahre Gefühle zu sprechen, dem anderen zu vertrauen. Männer und Frauen haben oft den Mut verloren, sich preiszugeben, zu zeigen, wer sie wirklich sind und was sie fühlen. Männer kleben förmlich an ihrem Männlichkeitswahn, weil sie sich nicht ohne Macht denken und fühlen können, Angst vor der Frage haben »Was bin ich ohne Macht?« – und Frauen verbergen ihre Abhängigkeit, ihre Schwächegefühle vor dem Mann.

Männer und Frauen haben Angst vor der Wahrheit; sie fürchten, alles zu verlieren – und könnten doch in Wahrheit alles gewinnen. Erst wenn die authentischen Gefühle in die Beziehung einfließen, hat die Liebe eine Chance. Nur wenn sich jeder in den realen Partner verliebt, ist Beziehung möglich. Doch in einer patriarchalen Kultur gilt eben: Der Mann ist um sein soziales Prestige besorgt, die Frau bangt um ihre Weiblichkeit. Erst wenn Mann und Frau diese unterschiedlichen Realitäten annehmen und den Mut zu ihrer Veränderung fassen, kann Beziehung und mit ihr Sexualität zu einem echten und tiefen Erleben führen.

Gerade in der Liebe müssen sich Männer ihrer Angst vor dem Machtverlust, Frauen ihrer Schwäche der Idealisierungssucht stellen. Gerade in der Liebe gilt es, die Spielregeln des Patriarchats zu durchbrechen. Nicht der Stärkere gilt und hat recht – sondern der wahre und echte Mensch, der seinen Bezug zur Welt und seine Mitmenschlichkeit beweist. Sexualität ist immer auch Ausdruck des Gemeinschaftsgefühls. Nur jemand, der in der Lage ist, überhaupt zu lieben, kann auch einen bestimmten Menschen lieben. Nur darin, wie weit Männer fähig und bereit sind zu zeigen, wer sie wirklich sind, beweisen sich ihr Mut und ihre Mitmenschlichkeit. Ist doch die Offenbarung der eigenen Person die eigentliche Stärke des Menschen und nicht, wie es unsere männliche Kultur bestimmt, eine verpönte Schwäche.

Die folgenden Gespräche zeigen am persönlichen Beispiel auf, um welche Wahrheit und Realität es in der Partnerschaft geht, welche Gefühle im allgemeinen verborgen werden hinter einer Maske der Stärke und Unverwundbarkeit. Sie zeigen den mutigen Aufbruch von Männern und Frauen, die nicht länger gewillt sind, sich den Regeln des Patriarchats zu unterwerfen, die der Wahrheit nicht länger ausweichen wollen, die das Risiko eines Streits, das Fehlen der Harmonie in Kauf nehmen, um die Liebe zu erringen. Sie entdecken sich selbst, ihr eigenes Leben; es deutet sich die Ahnung von einem »besseren Leben« an.

Männliches Prestige und Sexualität

Im Augenblick größter körperlicher Nähe befinden sich die Geschlechter in größter emotionaler Distanz

Ein typischer Gesprächsverlauf zeigt die sich verfehlenden Gefühle zwischen Mann und Frau. Achten Sie auf die distanzierte Sprechweise des Mannes:

Mann: *Ich hatte einmal die Situation, daß meine Partnerin nach der Sexualität Sekt trinken wollte und ich zu ihr sagte: »Sekt gibt es nicht!« Irgendwie klingt da immer sofort Verachtung durch. Ob der Mann das Gefühl braucht, daß es für ihn in der Sexualität zu nah war und daß er erst einmal wieder Distanz schaffen muß?*

Ich halte das Gefühl der Gleichwertigkeit höchstens fünf Minuten aufrecht, dann stehe ich auf. Die Stimmung mache ich damit irgendwie kaputt.

Therapeutin: *Wissen Sie, warum?*

Mann: *Nein, mir fällt es nur in diesem Zusammenhang ein, und ich frage mich, warum ich mich zum Beispiel gegenüber der Partnerin und ihrem Wunsch nach Sekt so schroff verhalten habe. Ich finde, das paßt zu meinem Lebensstil.*

Therapeutin: *Es wäre wichtig, sich diese vertraute Situation genauer zu erarbeiten. Männer und Frauen kennen beide die aufblühende Erotik vor der Sexualität. Nach dem Akt sind die Gefühle wie verdreht. Der Mann fühlt sich vorher klein und nach dem Verkehr in seinem Selbstwertgefühl gestiegen und vergrößert. Bei der Frau ist es genau umgekehrt. Sie hat vor der Sexualität die Macht, zu gewähren; hinterher fühlt sie sich wie leer.*

Mann: *In dem Zusammenhang habe ich auch erlebt, daß ich mit einer Frau Sexualität haben wollte und sie es ganz klar ablehnte.*

Therapeutin: *Ja, was war dann?*

Mann: *Sie hat ganz klar »nein« gesagt und blieb nicht einmal bei mir, sondern ging einfach fort. Der Grund war mir nicht klar, und sie wollte ihn mir auch nicht sagen. Ich hatte spontan das Gefühl, ich bettle um Liebe wie ein Kleinkind, wie furchtbar!*

Therapeutin: Um *es klarzustellen: Sie meinen Sexualität.*

Mann: *Ja, Liebe ist etwas anderes.*

Therapeutin: *Vielleicht – vielleicht auch nicht. Ist es für Männer etwas anderes?*

Mann: *In dieser Situation wurde ich immer kleiner. Ich fragte mich, warum ich mich so schwach fühlte.*

Therapeutin: *Weil Ihnen die Sexualität verwehrt wurde. Diese Frau hat Ihnen die Persönlichkeitserhöhung über die Sexualität eben nicht gewährt. Und in dieser Situation fühlen Sie sich als Mann schwach.*

Das Gespräch bestätigt, daß es dem Mann in erster Linie darum geht, über die Eroberung der Frau sein Persönlichkeitsgefühl zu erhöhen, und nicht darum, sich ihr auf gleicher Ebene zuzuwenden. Aus diesem Grund strebt er die Position des Werbenden, des Verführers an. In seinem Gefühl muß *er* derjenige sein, der »immer will und immer kann«. Die Frau gilt in der Sexualität als problembeladen.

Der Mann meint ganz sicher zu wissen, was für die Frau gut ist und ihr guttut. So wird zum Beispiel von Männern oft geschildert, daß sie sich für den Orgasmus ihrer Partnerin verantwortlich fühlen. Zunächst klingt es so, als seien sie um das Wohl und die Befriedigung der Frau besorgt. Bei näherer Betrachtung bezieht sich ihre Sorge aber nur darauf, ein »guter Mann« zu sein. Denn, so schreibt es das Männlichkeitsideal vor, nur der ist ein »guter Mann«, der seine Partnerin zum Orgasmus »bringt«. In Wirklichkeit ignorieren Männer die Bedürfnisse von Frauen in der Sexualität, da sie ausschließlich mit sich und ihrem Männlichkeitsgefühl beschäftigt sind. Ihre Gefühle zur Frau sind Hilflosigkeit, Desinteresse und Verachtung.

Auch die Frau gibt dem Männlichkeitsprinzip recht und fügt sich in die Hierarchie. Dabei nimmt sie die unterlegene Position ein und schreibt dem Mann in der Sexualität Gesundheit und Potenz zu. Eine »gute Frau«, so schreibt es das patriarchale Geschlechterideal vor, folgt den sexuellen Vorstellungen des Mannes und stellt die eigenen Wünsche zurück. Die Frau in unserer Kultur fühlt sich als Frau nur dann wertvoll, wenn es ihr gelingt, den Mann in seiner Männlichkeit zu bestätigen. Sie definiert ihre gesamte Persönlichkeit, so auch ihre Sexualität, über den Mann.

Viele Frauen kennen den Gefühlsumschwung während der Sexualität: Zu Beginn haben sie noch ein gewisses Gefühl des Begehrtseins, nach dem Akt aber fühlen sie sich einsam, oft wertlos oder gar verachtet. Ihre Hoffnung auf liebende Zuwendung von seiten des Mannes ist enttäuscht. Wie mühsam es für Frauen ist, sich an ihre Gefühle und Bedürfnisse in der Sexualität heranzutasten, zeigt folgender Gesprächsausschnitt:

Frau: *Ich habe Mühe, einen Orgasmus zu erleben. Vorher ist die Stimmung hocherotisch, nachher ist mir zum Heulen zumute.*

In der letzten Zeit jedoch hatte ich ein gutes Gefühl für mich und habe um meinen Partner geworben. Mein Gefühl ist nun, daß von ihm in dieser Situation nichts kommt. Ich frage mich, wieso da so wenig läuft.

Therapeutin: *Bisher ging es doch immer darum, daß Sie nie Lust haben. Nun haben Sie sie?*

Frau: *Ja, es ist so, daß ich werbe und Sexualität möchte. Letztes Mal habe ich dann auch gesagt, daß das wohl gar nichts war.*

Therapeutin: *Was heißt das: Es war wohl gar nichts?*

Frau: *Für mich war es nichts.*

Therapeutin: *Sagen Sie es ganz genau. Sie haben geworben und dann …*

Frau: *Es kam einfach keine Resonanz von ihm; er hatte aber eine Erektion.*

Therapeutin: *Der Akt wurde also vollzogen?*

Frau: *Ja, aber da war es für mich schon nicht mehr so schön.*

Therapeutin: *Warum nicht?*

Frau: *Mein Gefühl war, daß mein Partner mich nicht mehr im Auge hatte. Oder ich habe nicht gesagt, was ich möchte.*

Therapeutin: *Was hätten Sie gern gewollt?*

Frau: *Ich bin mir nicht ganz sicher, sonst hätte ich es wohl auch gesagt. Komisch, wenn wir miteinander schlafen, denke ich: »Gott sei Dank« und sage nichts.*

Therapeutin: *Für wen ist dieses »Gott sei Dank« gemeint?*

Frau: *Für mich.*

Therapeutin: *Ach, jetzt haben Sie Angst bekommen.* (Der Partner ist beim Gespräch anwesend.)

Frau: *Ja, das stimmt. Ich kann nicht offen schildern. Bisher war es so, daß* ich *die Komische war und nie Lust hatte, aber nun haben wir ja Sexualität.*

Therapeutin: *Ich denke, nicht?*

Frau: *Eben die paar Mal, wo es war. Wieso sage ich es nicht in dem Moment? Vorher finde ich die erotische Stimmung so schön.*

Therapeutin: *Den Akt an sich gar nicht?*

Frau: *Nein.*

Therapeutin: *Warum nicht?*

Frau: (zögert)

Therapeutin: *Eigentlich haben Sie die Frage schon beantwortet. Sie finden, er denkt dann nur an sich, ob er als Mann gut ist, und für Sie fällt dann nicht mehr viel ab.*

Frau: *Wenn es so frustrierend für mich verläuft, höre ich auf zu werben.*

Therapeutin: *Das ist auch folgerichtig, wenn eine Sache keinen Spaß macht.*

Für den Mann beginnen die Schwierigkeiten in der Sexualität genau an dem Punkt, wo eine Frau sich zu ihrer Lust und zu ihren sexuellen Wünschen bekennt. Tritt sie aus der Rolle der unfähigen und problematischen Sexualpartnerin heraus – wird der Mann schlicht impotent.

Die Lust der Frau hat für den Mann den Charakter einer Anforderung; und auf Anforderungen geht er in der Regel *nicht* ein. Wenn ihm die Möglichkeit des Bezwingens und Eroberns genommen ist, fehlt ihm die Lust – sein Körper drückt dies deutlich aus. Mit der offenen Drohung des »Erektionsverlustes« weist der Mann die Frau in ihre Grenzen und wehrt jede Kritik und jeden Anspruch ab. Der nicht erigierte Penis ist ein Symbol für den beleidigten Rückzug des Mannes und seinen Versuch, der Frau die patriarchalen Regeln wieder aufzuzwingen. Er verfolgt in allem typisch männliche Werte und Ziele: So tritt er den Beweis seiner Männlichkeit durch die Sexualität nur dann an, wenn *er* es für geboten hält.

Dieser »Beweis« spielt sich ausschließlich in seiner Phantasie ab. Er verquickt die Realität mit seiner geheimen Privatlogik und zieht daraus die Summe seiner Männlichkeit. Kritik seines Verhaltens von seiten der Frau läßt sein fragiles Konstrukt sofort in sich zusammenstürzen. Hinter der maskulinen Fassade verborgen liegt sein reales, aber geheimes Minderwertigkeitsgefühl, das er stets neu übertüncht und mit dem er keinesfalls konfrontiert werden möchte. So münzt er es um in seine Wut auf die Frau und ihre »unmöglichen« Ansprüche (»Gefühlseinstellung des Mannes zur Frau«). Frauen spüren diesen Abgrund des Selbstgefühls und durchschauen gefühlsmäßig dessen Kompensation. Um den Mann zu schonen und es sich nicht mit ihm zu verderben, halten sie ihre wirklichen Gefühle in der Sexualität zurück. Solange Frauen nicht zu ihren wahren Bedürfnissen in der Sexualität stehen, solange sie Sexualität als Tauschware gegen Liebe einsetzen, werden sie immer zu kurz kommen. Warum sollten Frauen Männer für ihre Bedürfnisse um Erlaubnis fragen? So ist aber unsere heutige Realität.

Sich der Frau zuwenden, auf sie eingehen, sich hingeben sind nach kulturellem Maß »weibliche« Gefühle, die für den Mann nur einen geringen Wert haben. Männer meinen, sich diese Eigenschaften nicht zugestehen, sie nicht zeigen zu dürfen. Sie entsprechen nicht ihrem Prestige, dem männlichen Idealbild. So spalten Männer diese Gefühle von sich ab und schieben sie der Frau zu. Auf gar keinen Fall möchten sie »weiblich« erscheinen und verhindern so die Identifikation mit dem eigenen Gefühlsleben. Hingabe ist nach männlichem Maß nur etwas für Frauen, etwas, das man von Frauen erwarten kann. Die Frau spürt jedoch genau, daß sie sich damit in die unterlegene und schwächere Position begibt. So ist die Hingabe auch für sie nur möglich unter Ausblendung der Realität: Im »Liebesrausch« verschiebt sie ihre Wahrnehmung und verstärkt das Gefühl, vom Mann geliebt zu werden, obwohl sie in der Situation etwas anderes erlebt.

Diese Täuschung gelingt zwar lange – aber nicht ewig. Distanz und Isolation sind die Folgen. Das Wir-Erlebnis bleibt aus. Nur eine veränderte Erlebnisweise kann den Zusammenklang von Mann und Frau herstellen. Für die Frau bedeutet das, sich selbst, ihre eigene Sexualität einzubringen – und zwar unabhängig von der Zustimmung des Mannes. Für den Mann geht es darum, sich für sein Gefühl jenseits des männlichen Prestiges zu öffnen, es zuzulassen und zu akzeptieren.

Der moderne Macho im Gespräch

Wie Männer Frauen erleben, die sich emanzipieren

Wir wollen nun einen näheren Einblick geben in die männliche Sicht weiblicher Emanzipationsbestrebungen und aufzeigen, mit welchen taktischen Mitteln der moderne Mann im einzelnen eine Veränderung der Verhältnisse zu umgehen bestrebt ist. Es geht um die Aufdeckung jener Attitüden und Taktiken, mit denen der Mann seinen Überlegenheitsanspruch über die Frau formuliert und ihre Unterwerfung fordert. Heute sind es verdeckte und subtile Verhaltensweisen, die keiner mehr so recht zu durchschauen vermag, die letztlich aber auf eine Abwehr der Emanzipation, der Gleichberechtigung der Frau in der *Liebe* hinauslaufen. Sie zeigen die kulturelle Spaltung des Mannes in Verstand und Gefühl besonders gut, in der die Gefühle nicht mit dem fortschrittlichen Bewußtsein haben mitwachsen können.

Jeder Mann möchte eine emanzipierte Frau *haben,* aber *lieben* möchte er die gewohnte weibliche Frau, die auf all seine Bedingungen und Ansprüche eingeht, die ihn zum Mittelpunkt ihres Lebens macht. Seine oft schwächlich wirkenden Posen sind besonders dazu angetan, das eigentliche Ziel zu verbergen: In der Liebe ist die vielzitierte Emanzipation der Frau nicht gefragt – und Männer wehren sich verzweifelt und hartnäckig gegen ein derartiges Ansinnen der Frauen. Ja, sie soll selbständig sein, sich nicht abhängig machen, ihren Lebensunterhalt selbst verdienen – aber ansonsten soll sie bleiben, was sie immer war: die weibliche Frau, die ihre Bedürfnisse hintanstellt, wenn es um das Wohlergehen ihres Lieblings geht.

Entsprechend belegt männliche Gefühlssicht die emanzipierte Frau in der Liebe mit Begriffen wie gefühlskalt, dominant, herrschsüchtig. Es ist ein geschickter Kunstgriff von Männern, den Frauen das eigene Motiv zu unterstellen, um sie in die alte Rolle zu verweisen. Es gilt eben: Die emanzipierte Frau wird verbaltheoretisch hoch geschätzt, aber emotional ausgeblendet, übergangen und mit Nichtachtung bestraft.

So berichten Männer in Gesprächsrunden von ihrer Distanz

und Zurückhaltung, die sie im Kontakt mit emanzipierten Frauen empfinden. Das hört sich etwa so an: *»Ich schätze und liebe meine aktive Frau sehr – aber irgendwie werde ich immer so sprachlos, wenn sie ihren eigenen Willen durchsetzt.«* Bei derartigen Schilderungen erwecken Männer augenfällig den Eindruck von Unsicherheit und Vorsicht – so als wüßten sie, was sie tun. Und in der Tat, man spürt die Tendenz, ihre Gefühlslage eher theoretisch-abstrakt und konstruiert wirkend darzustellen und mit eiligen Selbstdeutungen über die wirklichen Gefühle gegenüber Frauen hinwegzugehen:

– *Ich lege mir zurecht, daß die aktive Frau gegen den Mann gestimmt ist.*
– *Frauen sind so aktiv … aber ich weiß ja, daß es sich hier um meine Eifersucht handelt.*

Männer neigen in dieser Situation dazu, sich in Allgemeinplätze zu flüchten:

– *Frauen sind so stark.*
– *Ich habe Angst vor Frauen.*
– *Ich fühle mich überfordert.*
– *Ich fühle mich so schwach.*

Oder sie benutzen psychologisch gängige Formulierungen:

– *Ich erlebe die Ablehnung.*
– *Meine Gefühle sind mir verschlossen.*

Das geht bis hin zu schlicht unzutreffenden Darstellungen.

Alle Äußerungen zielen darauf, die wahren Gefühle verbal zu verleugnen. Wohlgemerkt, es handelt sich um Stellungnahmen durchaus psychologieerfahrener (also potentiell »neuer«) Männer. Welche wahren Gefühle liegen dem zugrunde? Was verbirgt der Sprecher hartnäckig hinter dieser Flucht? Fest steht: Es nützt niemandem, zu beteuern, wie großartig er die aktive Frau findet. Die in der Kindheit erworbene männliche Gefühlsstruktur lebt – ganz gleich, mit welchem Etikett man sie versieht. Fest steht jedoch auch, daß der moderne Macho sich und der Umwelt seine wahre emotionale Sicht nicht eingesteht: *Wut und Ablehnung.*

Denn welcher Mann kann es sich heute leisten, sich gegen die Emanzipation der Frau auszusprechen? Männer treiben einen großen Aufwand, diese Gefühle zu kaschieren. Dennoch schwingt schon in ihren Äußerungen ein Gefühl der Ablehnung mit. Erst in zugespitzten Situationen, wenn sie sich nicht mehr anders zu helfen wissen, werden Männer deutlich und ehrlich. Dann fallen Worte wie: unbequem, anspruchsvoll, sehr schwierig, massiv, giftig, gefährlich, widerwärtig.

Anschauliche Beispiele für männliches Verhalten gegenüber emanzipierten und aktiven Frauen boten sich in unserem Sommerseminar '89 auf Elba über die »Liebesbeziehung im Patriarchat«. Mutige und von ihren erklärtermaßen guten Absichten und Einsichten überzeugte Männer nahmen an diesem Seminar teil – und es verschlug ihnen sofort die Sprache. Auf die sich sichtlich entwickelnde Emanzipation der Frauen reagierten sie mit entschlossenem Widerstand. Ihr Verhalten nahm skurrile Ausmaße an, auch vor anerkannt unmännlichen Verhaltensweisen schreckten sie nicht zurück.

Männer fühlten sich von Frauen gekränkt und »tief verwundet«, wenn ihnen der reflexhafte Gruß nicht erwidert wurde, wenn Frauen sich weigerten, die gewohnte weibliche Gefühlsbrücke zu schlagen. Überhaupt war es verblüffend zu erfahren, welche unausgesprochenen Erwartungen Männer an Frauen stellen:

- Jede kleine Gefälligkeit des Mannes muß ausdrücklich gelobt werden.
- Eine Frau, die einfach nur mit sich beschäftigt ist, fügt damit dem Mann eine Kränkung zu.
- Sie muß lügen oder schweigen, um den Mann nicht zu verletzen.

Am besten müssen Frauen

- immer lächeln,
- stets Worte der Anerkennung bereithalten,
- jederzeit und überall zuhören wollen und können.

Erfüllen Frauen diese Erwartungen nicht, werden sie abgewertet und disqualifiziert. Einem besonders aufgeklärten und für die weibliche Emanzipation uneingeschränkt plädierenden Mann erging es so: Er kommt in die Küche seiner Wohngemeinschaft, wo zwei Frauen Obst schälen. Auf seine Frage: »Na, was macht ihr denn da Schönes?« treffen ihn statt einer ebenso »nett gemeinten« Antwort fragende Blicke, und die Überflüssigkeit seiner Ansprache steht schweigend im Raum. Jetzt fühlt sich der Mann zutiefst unverstanden in seiner Freundlichkeit und kommt zu dem Schluß: »Diesen emanzipierten Frauen kann man es gar nicht mehr recht machen.«

»Vor lauter Angst« fiel wortgewandten und rhetorisch glänzenden Männern »einfach nichts mehr ein«. Überhaupt machte die Fröhlichkeit und Aktivität der Frauen Männer betroffen. Wenn mehrere Frauen zusammenstanden und lachten, war das der Untergang des Mannes. Hilflos und mit waidwunden Augen blickte er in die Luft und versuchte mühsam, sein Image wieder aufzupolieren. Das geschah etwa so: *»Also, ich möchte einmal sagen, daß ich die Frauen als nicht freundlich und gemeinschaftsfähig empfinde.«* Und mit ernster, würdiger Anklage in der Stimme: *»Ich fühle mich vernachlässigt.«*

Bei einem Tanzabend verliehen Männer ihrem wahren Gefühl der Wut und Ablehnung geschlossen Ausdruck, indem sie die sich zusehends emanzipierenden Frauen aus »lauter Unsicherheit« zu Mauerblümchen degradierten.

Männer formulierten zielgerichtet Gefühle, die Frauen verunsichern und sie zur Rückkehr bewegen sollten:

- Mehrere Frauen zusammen erzeugen beim Mann Angst und rufen das Gefühl hervor, ausgelacht und ausgeschlossen zu werden.
- Frauen werden unbequem und unangenehm, wenn sie beginnen, die Berücksichtigung eigener Belange für sich in Anspruch zu nehmen.
- Die aktive Frau ruft im Mann die Angst hervor, sie könne ihm davonlaufen.
- Bei einer emanzipierten Frau fürchtet der Mann den Vergleich mit einem anderen Mann.

Männer demonstrieren deutlich, daß Aktivität und Selbständigkeit die Domäne des Mannes zu sein haben. Mit der Frau gemeinsam handeln ist im männlichen Gefühlsrahmen nicht vorgesehen. Wenn die Partnerin aktiv wird, bleibt für ihn im Gefühl kein Raum mehr. Männer sind der Nabel der Welt. Ihre Anliegen stehen im Mittelpunkt, und diese wollen sie auch durchsetzen. Der brave Mann, der wütende Mann – beide haben das gleiche Ziel, nur die Methode ist verschieden. Der wütende Mann formuliert offen seinen Anspruch, der brave Mann sagt immer ›ja‹, nickt stets freundlich und stimmt zu. Doch der eine wie der andere ist ganz fest und unverrückbar in seiner Ansicht: »Den emanzipierten Frauen kann man es gar nicht mehr recht machen ...« Die anklagende Haltung des Mannes, der vorgibt, unter der Frau zu leiden, verrät jedoch letztlich nur seine Herrschsucht und sein Streben, den *anderen,* die Frau, zur Veränderung zu bewegen. So ist der verdeckte Widerstand des Mannes gegen weibliche Emanzipation erbittert in dem Bemühen, die Frau in die gewohnte pflegerische Tätigkeit zurückzudrängen.

Was geschieht aber, wenn Frauen diesem Widerstand, dieser Forderung der Männer nicht nachgeben? Wenn sie ihren Weg weitergehen und dabei heiter und gelassen bleiben? Wir haben die Erfahrung gemacht: Es geschieht nichts Bedrohliches. Männer laufen nicht davon, sondern sie haben – und das vielleicht zum ersten Mal – die Gelegenheit, sich ihres merkwürdigen Verhaltens bewußt zu werden. Sie werden mit ihrem Problem der Herrschsucht konfrontiert, ohne es wie bisher auf die Frau abwälzen zu können. Männer begreifen erst dann, wenn auch nur durch die Mithilfe unnachgiebiger Frauen, die Notwendigkeit ihrer eigenen männlichen Emanzipation.

Diese Perspektive bleibt für den Mann so lange problematisch, wie er den Wert seiner Persönlichkeit über den Grad an Stabilität definiert, den seine Machtposition über die Frau hat. Nur Männer, die sich für einen Zugang zu den eigenen Gefühlen und damit zu einer wirklichen Identität entscheiden, können auf diesen Machtanspruch verzichten und entsprechend ihre Verleugnungs- und Ausweichtaktiken aufgeben. Jeglicher Widerstand des Mannes, in welcher Form auch immer, gegen die Emanzipation der Frau weist auf seine eigene, nicht gelungene Emanzipation zum Mann hin.

Mein Leben mit einem modernen Macho

Die verdeckten Spielregeln in der patriarchalischen Liebesbeziehung

In der folgenden Analyse beschreibt Heidi (Ärztin, 38) ihre Beziehung mit einem modernen Macho. Sie deckt bis in die kleinste Verästelung die patriarchalen Spielregeln einer Liebesbeziehung auf. Sie beschreibt ihre eigene schrittweise Selbstverarmung, die Verwandlung einer emanzipierten Frau in ein schwaches, liebessüchtiges Weibchen. Sie analysiert die Ursachen ihrer Anpassungsbereitschaft gegenüber einem Partner, dessen Beziehungsunfähigkeit sie weder erkennen konnte noch wollte.

Als »echte Frau« deutete sie die Krisen in der Beziehung als ihre eigene Unfähigkeit und geriet damit in die totale Abhängigkeit von ihrem Partner. Zum Schluß stand sie mit leeren Händen da. Sie hatte ihre gesamten Gefühle in diese Beziehung investiert, aber sie hatte vergessen, auf sich selbst zu achten. Ihre Würde, ihr Selbstwert als Frau waren in dieser totalen Hingabe an den Mann verlorengegangen.

Ich habe Werner als einen autonomen und stets auf seine Freiheit bedachten Mann kennengelernt. Er schwärmte für chinesische Lebenskunst, liebte das einfache Leben und hatte Spaß an einsamen Wanderungen durch die Wildnis. Gerade das habe ich an ihm bewundert: den freiheitsliebenden und nicht angepaßten Mann.

Schaue ich mir heute diesen ewig frierenden und oft kranken Mann an, so kommen mir erhebliche Zweifel. Irgend etwas scheint nicht zu stimmen. Wie hat er seine Nächte im Schlafsack oder Zelt verbracht, fernab von der Zivilisation? Seine einsamen Abenteuer in der Wildnis schildert er noch heute in den glühendsten Farben. Obwohl mir bis dahin weder das Schlafen im Freien noch das Wandern Spaß gemacht hatte, konnte ich mir plötzlich nichts Schöneres vorstellen, als an meinen Werner geschmiegt auf einer einsamen Lichtung in den australischen Wäldern zu liegen.

Werner spricht oft mit mir über meine Beziehungsunfähigkeit und mein Unvermögen, echte Gefühle zu äußern. Gerade in der Sexualität ist er auch nicht zufrieden: Ich bin zu wenig spontan, zeige ihm meine Wertschätzung nicht genug, er wünscht sich eine aktivere Partnerin. Eigentlich bin ich darüber empört, denn in der Sexualität beweist doch er mir ständig seine Impotenz, seine Gefühllosigkeit. Obwohl ich nach jedem Versuch im Bett frustriert und allein bin mit meinen Gefühlen, habe ich Mitleid mit ihm. Nach jeder erektiven Dysfunktion könnte er in Tränen ausbrechen, und ich nehme ihn liebevoll in den Arm.

Ich beginne während dieser Beziehung immer mehr, um mich selbst zu kreisen. Ich kann Werners Haltung, seinen Charakter nicht mehr einschätzen. Während ich zu Beginn der Beziehung noch Zwang und Druck bei ihm vermutete, steht jetzt meine langweilige Ausstrahlung immer mehr im Vordergrund. Ich werde so langweilig, daß ich eigentlich immer nur schlafen könnte. In den Wachpausen erlebe ich Werner im Gegensatz zu meinen früheren Männern als einen Mann, der eine Frau versteht, mit dem ich über Gefühle offen sprechen kann, dem ich mich total öffnen kann. Überhaupt ist er der erste Mann, der mich versteht, der mein Freund ist. Je mehr ich auf Werners Schwäche eingehe, um so größer wird die Distanz zwischen uns. Trotz größter Anpassung an meinen Partner bin ich nicht in der Lage, eine tiefere Bindung an ihn herzustellen. Immer öfter beendet Werner unsere Diskussion mit dem Satz: »Ich weiß nicht, ob ich das alles will. Ich habe Angst vor der Beziehung.« Danach verschwindet er oft tagelang in seiner Wohnung. Bei dem nächsten Treffen mache ich ihm Vorwürfe, und er ist wie immer äußerst einsichtig. Es tut ihm so leid, mich zu verletzen. Eigentlich will er das gar nicht. Er schätzt mich, das weiß er ganz genau. Nur leider hat er immer solche Angst. Wieder glaube ich ihm. Diese ständigen Angstbekundungen lähmen mich. Er beginnt zu weinen, steht kleinlaut vor den Scherben unserer Beziehung und zeigt auch noch volles Verständnis. Ich nehme ihn in den Arm und möchte alles zurücknehmen.

Mein Wutausbruch ist mir peinlich. Ich komme mir plötzlich wie ein unreifes Kind vor. Ehe ich mich versehe, ist Werner in seiner Wohnung verschwunden, und für mich beginnt der gleiche Kreislauf: Ich telefoniere hinter ihm her. »Möchtest du nicht kommen? Ich verzeihe dir alles, wenn du nur bei mir bist.« Obwohl sonst eher distanziert und kühl, steigere ich mich jetzt in eine Liebeswerbung hinein »Nein«, sagt Werner freundlich, aber ganz bestimmt, »meine Gefühle entsprechen dem nicht. Das würde dir auch nicht guttun.« Ein mir wohlbekannter Affekt steigt in mir hoch, ich sehe rot. Alle Vorsicht ist dahin. Sofort rufe ich wieder zurück und versuche ihn zu zwingen. »Siehst du«, sagt Werner ganz ruhig, und diesmal nicht leidend, »das habe ich genau gewußt, jetzt beschimpfst du mich wieder, deshalb wollte ich auch nicht kommen.« Nach dieser Absage wird mir klar: Diese Beziehung möchte ich so nicht mehr. Ich weiß, daß Werner mich nicht liebt, daß er eigentlich nicht mit mir zusammensein möchte, und ich frage mich, worin die Täuschung eigentlich besteht. Ich scheine in meine eigene Falle gelaufen zu sein; um diesen Mann an meiner Seite zu haben, habe ich jede meiner Gefühlswahrnehmungen in den Wind geschlagen. Dieser Mann hat mein sonst so großes Mißtrauen lahmgelegt, aber wie hat er das gemacht?

Er täuschte eine Persönlichkeit vor, die er gar nicht war. Ich habe mich in ein Bild verliebt. Werner ist verbal sehr geschult, er zeigte immer Verständnis für die Frauen, hat lange um mich geworben und war stets an meiner Seite. Er hat mich mit den Dingen, die für meine eigene Entwicklung und Emanzipation wichtig gewesen wären, in Ruhe gelassen. Kurz gesagt, er ist auf mein in der Kindheit trainiertes altes Rollenverständnis von einer schwachen Frau eingegangen und hat mich darin eher noch bestärkt. Ein typischer Satz von ihm war morgens beim Aufwachen: »Hörst du, da draußen rufen alle ›Mitmachen, Mitmachen‹. Aber komm, wir beide bleiben hier.«

Ich habe mich von ihm täuschen lassen, weil ich bis heute die fixe Idee habe, daß ich von meinem Vater über alles geliebt wurde. Ich muß nur lange genug beim Vater oder Mann sitzen, dann kommt die Liebe eimerweise. Schon in der Kindheit ist das nicht eingetroffen, und ich habe alle Gefühle der Enttäuschung und Wut, die damit verbunden waren, erfolgreich verdrängt. Noch heute beginne ich sofort zu phantasieren, sobald ein Mann sich mir nähert. Meine nicht gelebte und aufgestaute Wut aus der Kindheit vernebelt mir die Sicht und trübt meine Wahrnehmung. Damit schwäche ich mich selbst, denn auf meine Gefühle kann ich mich nicht mehr verlassen.

Wenn Werner hingegen statt über seine Wut immer über seine Angst spricht, dann glaube ich das und meine, nur lieb und nett genug sein zu müssen, um die ersehnte Liebe zu bekommen. Er hat mich getäuscht, indem er nicht über seine wirklichen Gefühle gesprochen hat. Dann hätte ich viel früher eine Veränderung angesteuert. Meine verdrängten Gefühle knebeln mich. Ich sehe mich als Hetäre, als dominante Frau, die ich natürlich nicht sein möchte und die es zu verbergen gilt. Unsere Beziehung war genau an dem Punkt beendet, wo sie eigentlich hätte beginnen sollen. In meiner eigenen Bilanz komme ich für mich selbst zu dem Resultat, daß ich einerseits zwar emanzipiert, selbständig und unabhängig bin, in der Beziehung zum Mann aber nur die zweite Geige spiele. Damit befinde ich mich in einem gefühlsmäßigen Zwiespalt.

Nach dieser Beziehung benötigt Heidi viel Zeit und Mut, sich ihrer realen Persönlichkeit und ihres wirklichen Selbstwertes wieder bewußt zu werden. Ihre ungelöste Beziehung zum Vater verhinderte von Anfang an, sich gleichberechtigt neben den Mann zu stellen. Sie versank in der Beziehung mit dem Mann in ihr Minderwertigkeitsgefühl als Frau und öffnete dem patriarchalen Mann an ihrer Seite Tür und Tor. Mit seiner Beziehungsangst, seiner emotionalen und sexuellen Verweigerung bestätigte er ihre langgehegten Zweifel an sich selbst und verstärkte ihre Anpassungsbereitschaft.

Heidi hat sich über sich selbst und den Grad ihrer Emanzipation getäuscht. Wie viele andere junge Frauen heute geht sie davon aus, daß finanzielle Unabhängigkeit und beruflicher Erfolg sie zu einer emanzipierten Partnerin in einer Liebesbeziehung machen. Im täuschenden Bewußtsein ihrer Gleichwertigkeit unterliegt sie in der ersten Krisensituation: Sie übergibt dem Mann die Führung in der Beziehung: Er hat Angst vor ihr, er fühlt sich schwach, er distanziert sich, sie reden gemeinsam über *ihre* Schwäche.

Damit diktiert er die Spielregeln in der Liebe – und sie stellt sich darauf ein. All das sind Anzeichen ihres Unterlegenheitsgefühls, ihrer Schwächeposition. In der trügerischen Hoffnung *»Eine schwache Frau ist eine gute Frau«* verstärkt sie ihre Anpassungsbereitschaft und stellt damit auch als emanzipierte Frau ihren Glauben an die Normen ihrer Sozialisation unter Beweis.

Hätte Heidi rechtzeitig Kenntnis der psychologischen Zusammenhänge und der verdeckten Spielregeln in der patriarchalischen Liebesbeziehung gehabt, wäre sie nicht in ihre eigene Falle gelaufen. Sie hätte in den Schwächeattitüden ihres Partners die geheime Überlegenheit erkannt und sich nicht darauf eingelassen.

Wirkliche Emanzipation für eine Frau bedeutet neben der äußeren Chancengleichheit auch und gerade eine gefühlsmäßige Emanzipation von den in der Kindheit gelegten kulturellen Werten und Normen. Hätte Heidi, anstatt sich dem Mann zu unterwerfen, sich mit ihrer gefühlsmäßigen Emanzipation auseinandergesetzt, so wäre sie mit ihrer Anpassungsbereitschaft vorsichtiger und bewußter umgegangen. Sie hätte den Partner sofort mit ihren eigenen Bedürfnissen und Anforderungen, mit ihrer eigenen Persönlichkeit konfrontiert. Sehr früh, zu Beginn der Beziehung, hätte sich dann herausgestellt, wie es um ihren so einsichtigen und verständnisvollen »Freund der Frauen« wirklich steht. Damit hätte sie ihm Gelegenheit geboten, entweder seine Liebe in die Tat umzusetzen oder sich gleich zu verabschieden; auf jeden Fall wäre es Heidi erspart geblieben, sich nach der Trennung mit den Resten ihrer Persönlichkeit und ihres Selbstwertes abzumühen. Dann hätte sie sich diese Niederlage als Frau gar nicht zufügen müssen.

Ein Mann unter Zwang

An dieser Stelle lassen wir einen Mann zu Wort kommen, der eine für Männer typische Gefühlskonstellation schildert, nämlich, von seiner Frau geplagt zu werden. In diesem Gefühl geht er so weit, daß er sich von ihr unter Zwang gesetzt fühlt. Kaum äußere die Partnerin einen Wunsch, so müsse er ihn wie einen Befehl ausführen. Er fühle sich wie unter einer Presse und schweige schließlich aus Wut – nichts gehe mehr, die Situation sei gesprengt.

Der hier schildernde Mann ist ein höflicher Mann. Er geht lächelnd durch die Welt und hat einen freundlichen Umgangston. Selbst beschreibt er sich als nett, gutmütig und harmlos, ja, als einen bemühten Mann; und er ist wirklich kooperativ, um mit einer aktiven Frau eine Beziehung zu führen und mit ihr im Gespräch zu bleiben. Kein Tyrann, kein klassischer Macho, aber doch ein typischer Mann – ein moderner Mann, jemand, der sich verstandesmäßig durchaus mit der Problematik zwischen Mann und Frau auseinandersetzt und viel Verständnis für die unterlegene Position der Frau zeigt.

Aber was spielt sich in seinem Gefühlsleben wirklich ab? Welche tiefen Einstellungen zur Frau sind unter seiner freundlichen, bemühten, modern-weichen Attitüde verborgen? Wie groß ist die Distanz zwischen seiner Rationalität und Emotionalität? Wieviel Beziehung zur Frau ist ihm bei der Kluft zwischen Gedankenkonstruktion und Gefühlsmustern überhaupt möglich?

Gefühle, die wir nicht wahrhaben wollen, die uns stören und die wir unter den Tisch kehren, beherrschen uns und kleben wie ein nicht abzuschüttelndes Insekt an uns. Ein Mann unter Zwang, gebeutelt von der herrschsüchtigen Frau – was steht dahinter?

Therapeutin: *Sie haben also das Gefühl, daß Sie von der Frau pausenlos gezwungen werden?*

Mann: *Ja – ich muß es einmal so sagen, wie es für mich ist.*

Therapeutin: *Sie müssen immer wieder etwas tun, was Sie ei-*

gentlich nicht wollen? Und ab und zu verteilen Sie dafür »Quittungen«?

Mann: *Ja, genau. Wenn meine Frau nur vorsichtig andeutet, daß sie etwas mag oder gerne hätte – schon ist das für mich wie ein Befehl. Ich mache dann die Dinge superperfekt, lasse dann dafür aber später, quasi als Quittung, andere Sachen liegen.*

Therapeutin: *Dieses Thema kennen wir doch schon: daß Männer von sich selber denken, so brav zu sein, daß sie immer zu tun glauben, was die Frauen wollen, aber im Endeffekt wird noch nicht einmal der gewünschte Kaffee gekocht. Was Sie schildern, klingt so ähnlich: Die Frau braucht nur anzudeuten, was sie möchte, und schon glauben Sie, Sie müßten das sofort und immer tun. Natürlich ziehen Sie daraus den Schluß, daß Sie berechtigterweise Quittungen austeilen können. Stimmt das?*

Mann: *Es fällt mir ein bißchen schwer, »ja« zu sagen, aber schon bei der Vorbereitung zu diesem Gespräch hatte ich das Gefühl, daß an diesem Punkt irgendwo ein Haken ist. Ich denke, es hat viel mit dem Ergebnis zu tun, daß ich berechtigt wütend bin.*

Therapeutin: *Aber genau Ihre Berechtigung müssen wir überprüfen. Stimmt es denn, daß Sie immer tun, was Ihre Frau will?*

Mann: *Nach meinem Gefühl ja.*

Therapeutin: *Na ja, Ihrem Gefühl glaube ich schon, aber was ist in der Realität?*

Mann: (schweigt)

Frau: *Zu diesem Punkt möchte ich gleich etwas sagen: Tag für Tag wurde bei uns die Stimmung vorsichtiger und angespannter. Ich traute mich schon nicht mehr, zum Beispiel das Papier von der Butter wegzuwerfen, ohne ihn zu fragen. Wollte ich nach Avignon, hieß es: Ja natürlich, das machen wir sofort. Vom Papstpalast bis zum Tomatenkauf war er immer mit allem »gleich einverstanden«. Insgesamt hatte ich aber das Gefühl, daß ich gezwungen werde und nichts Eigenes mehr sagen darf, sondern nur noch erahnen muß, was er nun eigentlich meint.*

Mann: *Das glaube ich dir, denn wenn du etwas sagst, werde ich immer gleich leidend. Willst du in den Papstpalast, gehe ich mit Schmerzensmiene hinterdrein.*

Therapeutin: *Warum eigentlich? Deswegen sind Sie doch in Avignon, oder nicht?*

Mann: *Ja, es ist paradox. Hätten wir uns die Stadt einzeln angesehen, hätten wir uns bei den Sehenswürdigkeiten sicher dauernd getroffen. Aber wenn meine Frau einen Vorschlag macht, werde ich sofort leidend und demonstriere: »Schau, schon wieder muß ich jetzt tun, was du willst.« Na ja, wenn ich die Finalität mit einbeziehe, also: »Fühle dich stets gezwungen, damit …«* (Lachen)

Therapeutin: *Die Erkenntnis dämmert schon.*

Mann: *Ich habe aber kein Gefühl dafür.*

Therapeutin: *Das wäre ja noch schöner. Stellen Sie sich vor, Sie hätten ein Gefühl dafür.*

Führen Sie doch bitte einmal den psychologischen Gedanken aus. Wie muß man die psychologische Reaktionsweise eines Menschen deuten, der sich immer gezwungen fühlt? Sie haben beruflich viel mit Menschen zu tun, die werden sich auch oft gezwungen fühlen, nicht wahr? Wie deuten Sie das? Was wissen Sie darüber?

Mann: *Das Gefühl, gezwungen zu sein, ist eine der sichersten Aktionsbasen überhaupt.*

Therapeutin: *Und wofür?*

Mann: *Um sich so zu verhalten, wie man will.*

Therapeutin: *Das sehen Sie also ganz deutlich – wohlgemerkt: bei den anderen.*

Mann: *Es entsteht sofort eine Zwangsjacke für den Mitmenschen.*

Therapeutin: *Welche?*

Mann: *Der andere muß darauf aufpassen, daß sich »der Gezwungene« nicht schlecht fühlt. Dieser teilt in etwa mit: »Verhalte dich so, daß ich mich nicht wieder gezwungen fühlen muß. Denn, du weißt, das ist mein Problem im Leben, mein Elend. Paß auf! Du läufst schon in diesem Moment Gefahr, dich falsch zu verhalten, eigentlich verhältst du dich mir gegenüber jetzt schon falsch.«*

Therapeutin: *Genau – und jetzt kommt noch der entscheidende Satz: Wer übt also in Wirklichkeit den Zwang aus?*

Mann: *Aber ich kann das bei mir selber nicht sehen!* (Lachen) *Bei anderen ist mir das sonnenklar. Ich merke sofort, wenn jemand das Gespräch mit Druck eröffnet.*

Therapeutin: *Wer übt also den Zwang aus? Wir müssen es ganz genau herausarbeiten, damit Sie diesen Punkt immer parat haben, selbst in Situationen, die für Sie im Moment anders aussehen.*

Mann: *Wo waren wir denn jetzt stehengeblieben?*

Therapeutin: *Bei den Tatsachen, der psychologischen Deutung.*

Mann: *Die Haltung »Ich werde immer gezwungen« ist die Rechtfertigung dafür, selber zu zwingen.*

Therapeutin: *Ja. – Man darf sich das gerne etwas farbenfroher und lebendiger vorstellen. Immer wenn es um die Anforderungen des Lebens geht, werden die Schilderungen matt und grau; in den Gedanken und Gefühlen geht es aber sehr lebhaft zu. Man stelle sich also einen Menschen vor, der auf die Idee kommt: »Ich werde immer gezwungen.« Schon morgens wacht er mit dem Gefühl auf: »Aha, es dämmert wieder, es kommt ein neuer Tag, was muß ich heute wieder tun? Wer alles wird von mir erwarten, was ich zu tun habe?« Wie muß man sich dieses Seelenleben vorstellen? Was spielt sich in diesem Menschen eigentlich ab?*

Mann: (zögernd) *Er möchte sich von Anforderungen freimachen.*

Therapeutin: *Sein Hauptthema ist der Zwang, und das schon morgens, wenn er die Augen aufschlägt. Warum tut er das? – Die Themen, mit denen sich ein Mensch beschäftigt, sind nicht zufällig. Wir müssen jeden Teilaspekt der Persönlichkeit zu einem sinnvollen Ganzen ordnen. Wie muß man sich erklären, daß sich der Mensch ausgerechnet mit Zwang beschäftigt? Man könnte sich ja auch zum Beispiel morgens mit der Liebe beschäftigen.*

Teilnehmer: *Ist es nicht so, daß man eigentlich gar nichts machen möchte? Die anderen sollen die Aufgaben für einen lösen, und man selbst möchte trotzdem gut dastehen.*

Therapeutin: *Das wäre eine mögliche Deutung.*

Mann: *Meine Gedanken werden jetzt abstrakt, aber hat das nicht auch einen Bezug zum verwöhnten Lebensstil?*

Therapeutin: *Das stimmt, und so abstrakt ist das gar nicht – im Gegenteil: Der verwöhnte Lebensstil ist ganz real.*

Mann: *Meine ganze Welt ist wie getönt durch den Zwang.*

Therapeutin: *Aber wozu brauchen Sie die Idee des Zwanges? Den Zwang gibt es doch nur in Ihrer Phantasie. Sie werden doch nicht im Ernst behaupten, wenn Ihre Frau zum Beispiel den Papstpalast anschauen möchte, daß dies ein Zwang ist. Das können Sie höchstens Ihrer Frau erzählen, und auch nur dann, wenn Sie alleine sind. Ein anderer nimmt Ihnen das nämlich nicht ab.*

Wenn Sie wirklich keine Lust haben, dann geschieht nichts, unter gar keinen Umständen.

Mann: *Es müßte ja eigentlich genau das gleiche sein wie bei den anderen, also die Rechtfertigung, selber so durchs Leben zu gehen.*

Therapeutin: *Und wie? Bitte genau.*

Mann: (zögernd) ... *mit Zwang; selber zwingend durchs Leben zu gehen? Daß ich mich schon morgens in die richtige Gefühlsstimmung dafür bringe?*

Therapeutin: *Das haben Sie gut erfaßt.*

Mann: *Dieser Mechanismus kommt mir auch bekannt vor, ich habe aber das Gefühl, anders als durch Zwang komme ich nicht durchs Leben und zu meinem Recht.*

Therapeutin: *Wo haben Sie diese Idee her? Zu welchem Recht wollen Sie gegenüber der Frau kommen? Und wo haben Sie die Idee her, daß es nur mit Zwang geht?*

Mann: *Ich meine das Recht, zu sagen, wie ich mir die Partnerschaft denke. Zu ihrer zweiten Frage fällt mir mein Vater ein. In der Familie ist er berühmt für seine Wutanfälle, er tobt dann wie von Sinnen und sieht manchmal richtig gefährlich aus.*

Therapeutin: *Tja, immer diese harmlosen Männer, toben, daß der Speichel fliegt. Toben Sie auch?*

Mann: *Nicht offen, aber innerlich tobe ich viel. Innerlich bin ich oft wie ein Pulverfaß, aber nach außen lächle ich.*

Therapeutin: *Die Partnerin spürt aber nur das Pulverfaß. Ihr Lächeln ist ja nur dazu da, die Frau in ihren Gefühlen zu irritieren. Der Mensch, der lächelt, aber innerlich tobt, macht eine doppelte Aussage, durch die der Partner verunsichert werden soll. Einen verunsicherten Menschen kann man nämlich leichter bezwingen als einen sicheren. Warum toben Sie eigentlich – innerlich?*

Mann: *Ich tobe immer dann, wenn meine Frau nicht einsehen will, daß es so, wie ich die Dinge sehe, nun mal am praktischsten ist.*

In unserer patriarchalen Welt gehen Männer davon aus, zu wissen, was in der Partnerschaft gut, richtig oder einfach »praktisch« ist. Männer lassen sich nicht kritisieren, und schon gar nicht von einer Frau.

Die gute alte Partnerschaft lebt wie vor 100 Jahren. Der Mann ist zum Beispiel »in Bankgeschäften« unterwegs und macht sich einen »freien Nachmittag«. Er bummelt durch die Stadt und trinkt ein Bier im Café. Die Frau hingegen hütet das Haus oder im Urlaub das Zelt. Bei der Rückkehr wird ihr ein Mitbringsel überreicht, mit dem sie dann aber auch zufrieden sein muß. Auf ihren Hinweis, daß sie drei Stunden lang auf der Iso- Matte vor dem Zelt auf die verspätete Rückkehr des Mannes gewartet habe, folgt die Reaktion: »Was bist du nur so komisch? Fällt dir denn gar nichts ein, wie du dich selber beschäftigen kannst? Kannst du mit dir gar nichts anfangen, bist du innerlich wirklich so leer?«

Mann und Frau wiederholen Rollenmuster, in denen schon die Großeltern gelebt haben. Sowohl die Frau, die es sich gefallen läßt, auf diese Art abgespeist zu werden, als auch der Mann mit seinem »freien Nachmittag« leben alte Muster. Die Mittel, Druck auf einen anderen auszuüben, sind vielfältig, offen oder eher »feiner« versteckt. In der hier besprochenen Leitlinie produziert der Mann selbst das Gefühl, ständig unter Zwang zu stehen und alle Dinge unter Zwang zu vollziehen. Wozu tut er Dinge, von denen er sagt, daß er sie gar nicht tun möchte, und die er sich dann aber doch unter dem Gefühl des Zwanges abringt? Welchen Vorteil verspricht diese Haltung?

Zunächst wird jeder Handgriff zu einer ganz besonderen Leistung, auf deren außerordentliche Würdigung der Mann einen Anspruch zu haben glaubt. Weiterhin bestätigt er sich selbst, was für ein »guter Mensch« er doch ist und daß seine eigenen Motive arg- und harmlos sind. Fühlt sich ein Mann unter Zwang, so nimmt er gleichzeitig eine moralische Bewertung vor. Das Gefühl, unter Zwang zu stehen, ist für ihn mit einer starken Berechtigung verbunden. Er fühlt: Ich habe (berechtigterweise) das Gefühl, gezwungen zu werden, weil die Frau tatsächlich Zwang ausübt. Derjenige, der zwingt, ist schlechter als der, der gezwungen wird. Durch seine perspektivische Verzerrung stellt sich der Mann in die moralisch bessere Position des Opfers. Als Opfer hat er nun die (für ihn berechtigte) Legitimation, seine Frau anzuklagen: Sie sei herrschsüchtig, tyrannisch und habe eine sadistische Lust am Knechten des Mannes. Alles in allem sei sie von unlauteren Motiven beherrscht. Durch die Haltung des Mannes, sich stets unter Zwang zu fühlen, wird der Frau die Schuld zugeschoben – sie wird als moralisch minderwertig vorgeführt. Er weist sie mit hochgezogenen Brauen darauf hin, daß die Frau gut daran täte, ihr Verhalten ihm gegenüber wieder auszubügeln. Die Frau soll ein schlechtes Gewissen bekommen, sich wieder klein machen, unsicher werden und sich den Ansprüchen des Mannes beugen.

Das Konzept, sich unter Zwang zu fühlen, ist bei heutigen Männern außerordentlich beliebt – vor allem, weil es von Frauen nicht leicht zu durchschauen ist. Bei ihnen fällt es auf einen fruchtbaren Boden. Wenn ihnen vom Mann unausgesprochen vorgeworfen wird, daß sie ihn unterdrücken, sind sie nur allzu leicht davon zu überzeugen. In ihrem geringen Selbstwertgefühl trauen sich die meisten Frauen einen konfrontativen Standpunkt nicht zu, sondern meinen, den Mann wieder besänftigen zu müssen, indem sie sich ducken. Wenn Frauen sich derart verhalten, machen sie es dem Mann leicht, seine Dominanz zu sichern.

An diesem Beispiel erkennen wir die Haltung des schwachen, weichen und modern-sensiblen Mannes als Macho-Gehabe in neuem Gewand. Er hat sich Nachgiebigkeit, schwächliche Attitüden, ja Unterwerfung auf seine Fahne geschrieben. Er gleicht einem Kreuzritter, der meint, nur weil er sich ein bleiches Emblem auf seinen Schild gemalt hat, müsse man auf ihn Rücksicht nehmen, da er sich doch als Opfer fühlt, wenn er durch die Menge sprengt. Aber – nicht, daß wir uns täuschen –

seine Lanze sticht wie einst! (Sie hat ja auch mit dem bleichen Schild und dem harmlosen Fähnchen nichts zu tun.) Die eigene demonstrierte »Gutmütigkeit« des Mannes kann so weit gehen, daß daraus für die Frau ein Handlungsimperativ resultiert, etwa: *»Verhalte dich stets so, daß du keine Dinge tust, die mich kritisieren oder verletzen könnten. Du weißt, ich bin so sensibel und gutmütig, ich nehme mir alle Belastungen so zu Herzen, daß du dich am besten so verhältst, wie ich es mir vorstelle.«*

Der gutmütige Mann – die komische Frau, ein heute fast anerkanntes Gesellschaftsspiel. Wer kennt es nicht, dieses Paar: Der Mann ist reizend und liebenswürdig – die Frau eher zurückhaltend und kühl.

Die Sympathie ist immer auf seiten des Mannes, und Frauen haben es sehr schwer, sich dagegen zu wehren. Der Schein spricht gegen sie, und es ist oft nur eine Frage der Zeit, bis auch sie glauben, was doch alle denken. Aber täuschen wir uns nicht, es ist nur ein geschickter Schachzug des Mannes (natürlich unbewußt!), der die dahinterliegende Partnerschaftsproblematik verbergen soll: Die Frau ist nur komisch, weil sie nicht tut, was der Mann will – sonst wäre sie ein Engel. Trotz dieser unsinnigen Logik halten Mann und Frau oft jahrelang an diesem inneren Gleichgewicht ihrer Partnerschaft fest. – Vordergründig läßt sich zunächst nicht erkennen, warum Frauen diese Beurteilung auf sich nehmen, Männer sich so ausdauernd anstrengen, die auserwählte Partnerin herabzusetzen. Nur ein Blick in tiefere Gefühlsstrukturen vermag dieses Rätsel zu lösen.

Der Mann will die Macht behalten
Die Frau will den Mann behalten

Beide Partner versprechen sich also einen Vorteil – aber sie gewinnen ihn nicht. Vielleicht hat der Mann noch ein wenig Macht über die Frau, aber ob Frauen den Mann behalten? Skepsis drängt sich auf. Denn welcher Mann will schlußendlich wirklich mit einer komischen Frau zusammenleben? Diese Rechnung kann nicht aufgehen.

Es ist an der Zeit, daß Frauen sich ihre Gefühle vom Mann nicht länger aus- und einreden lassen. Wer sie sind – und wie sie sich sehen, das liegt einzig und allein in ihrer eigenen Verantwortung. Nur weil so viele Paare dieses Spiel spielen, fällt es der Frau kaum noch auf, in welch unwürdige Position sie sich begibt. Männer wissen um das Ziel der Frauen. Es ist ein öffentliches Geheimnis. In ihrem Gefühl beziehen sie sich auf dieses Ziel, und das verleiht ihnen das Gefühl der Stärke. Souverän können sie der Frau Machtmotive – »Sie unterdrückt mich« – unterstellen, sie zur Komischen abstempeln, solange die Frau bleibt und es sich gefallen läßt. Was würden Männer tun, wenn es einmal für dieses Spiel keine Frauen mehr gäbe? Wahrscheinlich müßten sie welche erfinden.

Auf das Ziel *Mann* fixiert, fällt es Frauen schwer, sich von den Zuschreibungen des Mannes nicht beeindrucken zu lassen; zu erkennen, daß Männer ihre eigenen Probleme der Partnerin zuschieben. Dies hat den Vorteil, sich selbst stark und gesund fühlen zu können und – obendrein – die Frau ab und zu trösten zu können.

Aber warum sollte in diesem Sinn die Frau dem Mann zum Vorteil gereichen? Besser für die Partnerschaft – und das wäre ein *gemeinsamer* Vorteil – ist, hinter den Allüren des Mannes seine Unzufriedenheit und seine Nörgelei zu entdecken, sein großmännisches Gehabe, das dem Ziel dient, sich ein wenig vom Durchschnitt, von der Normalität abzuheben.

Für Mann und Frau bedeutet diese Sichtweise letztendlich eine Befreiung von Täuschung und Streß, und wirkliche Partnerschaft könnte gelingen.

Der Erektionsverlust – ein Drama für zwei Geschlechter

Eine Stammtischrunde – Männer unter sich

Peter: *Also, mir ist neulich etwas passiert, das hat mich wie ein Schlag getroffen. Ich lag mit meiner Frau im Bett, sonst hat sie ja nie Lust, aber …*

Siegfried: *Ach, genau wie meine.*

Peter: *Ja, jetzt wollte sie gerade, und bei mir war total tote Hose. Nichts – einfach die Luft raus. Ich hab mich innerlich wie taub gefühlt, an mir heruntergeschaut und wäre am liebsten in den Boden versunken. Meiner Frau tat es dann sehr leid, sie hat sich erst auch richtig schön bemüht, . . .*

Hannes: *Hmmm …*

Peter: … *Hat dann gefragt, ob etwas an ihr nicht in Ordnung ist, aber es ging nicht, wie vertrackt.*

Ich kann euch sagen, das hat gesessen. Ich und impotent, das gibt's doch nicht.

Hannes: *Also, mir ist das noch nie passiert.*

Detlef: *Doch, das gibt es, es ist eher selten. Man nennt es erektive Dysfunktion oder Impotentia coeundi. Das ist eine Neurose und hängt mit Kindheitstraumen zusammen. Da ist früher bei dir was schiefgelaufen.*

Peter: *Na ja, mir ist es auch das erste Mal passiert. Danach habe ich eben noch ein Bier getrunken, und es gab auch einen netten Film im Fernsehen. Die Sache ist eigentlich schon vergessen.*

(Pause)

Jan: *Und wie ging es weiter?*

Peter: *Ja, das ist so ein Problem. Am nächsten Tag wollte meine Frau wieder, gab sich noch mehr Mühe, hatte extra diese Wäsche angezogen und so … aber – nichts, wie weggeblasen. Und ich hatte mich schon den ganzen Tag darauf vorbereitet. Meine Frau war zum Schluß ganz schön enttäuscht, sie hatte auch alles wirklich sehr nett gemacht, mit Kerzen, Musik und so …, aber bei mir hat sich einfach nichts getan.*

Siegfried: *Tja, mein Lieber, du kommst in die Jahre.*

Peter: *Aber ich bin doch erst 32, geht es denn da schon los?*

Jan: *Erzähl doch mal, ob es dir auch bei anderen Frauen so geht.*

Peter: *Du, das hat mich auch schon irritiert: Auf der Arbeit, wir haben da so eine neue Azubi, einfach süß, bei der könnt ich, schon wenn sie vorbeigeht – aber zu Hause … Irgendwie wird das immer schlimmer. Ich weiß schon gar nicht mehr, was ich machen soll. Ich bin schlaflos, ich traue mich kaum noch nach Hause, das Bett ist für mich wie ein Marterpfahl.*

Siegfried: *Und deine Frau hat immer Lust? Aber das ist doch toll! Da könntest du ja so richtig loslegen, also, ich wäre froh. Meine Frau muß ich immer erst bereden, und eigentlich will sie nie so recht; aber wenn ich dann anfange, findet sie es super, und das sagt sie mir auch.*

Jan: *Ich sag dir: Achte auf die Weisheit des Penis – der hat schon recht. Ich habe darüber in einem Männerbuch gelesen, die Sache ist ganz klar: Deine Frau behandelt dich schlecht. Da mußt du ganz hart sein! Durchgreifen! Nur Mut! Bei meiner Ex-Freundin hat das auch geklappt.*

Peter: *Na ja, ihre Stimmung wurde auch nicht gerade besser, erst war sie noch sehr verständnisvoll, aber – also, seitdem sie in diese Frauengruppen geht, ist sie eine ganz andere geworden. Seit zwei Wochen schlafe ich auf der Couch. – Vorletzte Nacht ist sie nicht nach Hause gekommen, das erste Mal!*

Hannes: *Deine Frau sucht sich eben einen richtigen Lover.*

Peter: *Nein, nein, da bin ich ganz sicher, das tut sie nicht. Es wäre auch wirklich nicht fair, jetzt, wo es mir so schlechtgeht. Ich bin Tag und Nacht bedrückt, ich kann gar nichts mehr machen, liege nur noch im Bett und grüble. Ich glaube, ich habe Depressionen. Können das Männer eigentlich auch bekommen?*

Siegfried: *Du solltest mal zum Arzt gehen.*

Peter: *War ich schon, er hat mir Pillen verschrieben und sagt, wenn die Beziehung älter wird, nimmt die Lust ab. Das sei ganz normal und natürlich. Bei manchen Affenstämmen käme das auch vor. Der, der keine Lust hat, sitzt eben daneben und schält sich eine Banane oder macht etwas anderes, was ihm Spaß macht. Der Doktor sagt, ich solle mir mal nicht so viele Sorgen machen, das renkt sich schon wieder ein.*

Siegfried: *Ich sag dir doch: biologisch, das kommt alles von den Drüsen. Neulich habe ich in der Zeitung von einer ganz neuen Therapie gelesen: Du kannst dir jetzt so eine Art Prothese einsetzen lassen, dann steht er immer, egal, ob du Lust hast oder nicht. Das wäre doch was.*

Hannes: *Ich kann nur immer wieder sagen: Ich weiß gar nicht, was du hast. Bei mir gibt's keine Probleme, auch ohne Prothese. Du bist eben zu weich, zu sensibel, nimmst dir alles gleich zu Herzen – aber irgendwo hört das doch auf, Mann!*

Detlef: *Das ist doch alles Blödsinn. In Wirklichkeit ist die Sache ganz einfach: Du hast schlicht deine ödipale Konfliktkonstellation nicht gelöst. Obwohl du diese schon längst überwunden haben solltest, lebst du deine inzestuöslibidinöse Fixierung an die Mutter, deine aggressive Ambivalenz, Angst und Schuldgefühle ihr gegenüber wie auch Angst vor Kastration gegenüber deinem Vater noch heute aus. Wenn du zwischen inzestuösen und Kastrationsängsten hin- und hergerissen bist, da vergeht die Lust, das kann ich dir sagen.*

Jan: *Vielleicht hast du deine Kastrationsängste ja auch vor deiner Frau. Diese emanzipierten Frauen wollen doch nur den impotenten Mann, damit sie sich stärker fühlen als er, damit sie ihn bezwingen und knebeln. Die sind machthungrig und kalt, eiskalt, ja richtig frigid. Na, die sollten mal zu mir kommen …*

Peter: *Aber, was soll ich jetzt tun?*

So kann es doch nicht weitergehen. Mir geht es immer schlechter, ich traue mich kaum noch unter Leute, und auf die Arbeit kann ich mich nur noch schwer konzentrieren. Ich fühle mich elend wie ein Hund. Und meine Frau sagt, ich liebe sie zu wenig, aber was soll ich denn noch tun? Ich bin schon ganz wirr im Kopf.

Einsame Wölfe auf der Jagd …

Dieses fiktive Gespräch spiegelt typisch maskuline Haltungen und spielt sich so oder ähnlich überall ab. In ihm zeigt sich das klassische Konkurrenzverhalten um das männliche Prestige. In dem einsamen Wettlauf fühlt sich jeder für sich als Sieger, und das Rennen bleibt endlos. Jeder rettet sich auf seine eigene, je typisch männliche Weise vor dem Einbruch des Selbstgefühls, den die Impotenz darstellt: Hannes, der klassische Macho, kennt das Problem angeblich gar nicht; Siegfried meint, immer alles in den Griff zu bekommen; Jan ist in der modernen Männerbewegung engagiert und lebt hier alte Werte im neuen Gewand aus, und Detlef weiß in seiner distanzierten Analyse alles besser.

Jeder fühlt sich von dem Thema mehr oder weniger unangenehm berührt, niemand möchte mit ihm etwas zu tun haben. So wird es mit schnellen Ratschlägen an den Betroffenen vom Tisch gewischt. Impotenz trifft den Mann an seinem empfindlichsten Punkt: dem männlichen Prestige, seinem Ziel im Leben überhaupt. Peter, dem weder kühle Analysen noch stammesgeschichtliche Analogien nützen, will sich auch mit einer Prothese nicht so recht anfreunden. Er wird von niemandem wirklich verstanden und bleibt in seiner emotionalen Not allein. Die anderen Männer schlagen die Chance der Solidarität aus, um sich wie einsame Wölfe auf die Jagd nach mehr Prestige zu machen. Auch jeder von ihnen bleibt allein, gibt sich zwar insgeheim selber recht, bewirkt aber nichts, weil er die Beziehung verfehlt. Beklommenheit macht sich breit, niemand möchte heute an Peters Stelle sitzen, jeder fürchtet, schon morgen seinen Platz einzunehmen.

Die tatsächliche Realität der Gefühle wird, wie so oft, so auch in unserem Beispiel, von Männern nicht abgebildet. Peter steht mit seinem Problem nicht allein: Erektionsschwäche, Erektionsverlust und ähnliche Störungen, erektive Dysfunktion und Impotenz, egal, wie man es nennt, jeder Mann kennt es, wenn ihm die Lust wie abgeschnitten ist. Schwächen der Erektion gehören zu den häufigsten sexuellen Funktionsstörungen, deretwegen Ärzte verschiedener Fachdisziplinen, Psychotherapeuten und Sexual- und Eheberater aufgesucht werden. Die Dunkelziffer wird in unterschiedlichen statistischen Untersuchungen übereinstimmend als sehr hoch eingeschätzt.

Männern ist es peinlich, den Fleck auf dem Glanzstück ihrer Männlichkeit fremden Blicken preiszugeben. Der Mann steht seinem hängenden Glied staunend und ratlos gegenüber. Für ihn ist es wie ein Schicksalsschlag. Er fühlt sich diesem Ereignis passiv ausgeliefert, als ein Opfer von Biorhythmus, mangelnder Spermienproduktion, hormonalen Prozessen, Mondphasen, Sternenkonstellationen und was ihm sonst noch alles an gängigen Erklärungen in den Sinn kommen mag. Die Erektionsschwäche macht den vormals ob seiner Potenz protzenden Mann von einem Moment zum anderen hilflos.

Der Mann als Spielball dunkler Kräfte? Wütet hier das Unbewußte? Aber gerade das sollte doch triebhaft sein, oder etwa nicht? Unwillkürlich fragt sich jeder Mann, der sein »bestes Stück« verloren hat: Bin ich jetzt damit geschlagen wie mit einer verborgenen Krankheit, deren Übertragungsweg und Therapie noch niemand kennt? Oder habe ich damit gar nichts zu tun, und es liegt ganz einfach an der jetzigen Partnerin?

Aber – was hat der Mann eigentlich verloren? Was verliert er im Erektionsverlust, was behält er, oder sollte er gar etwas gewinnen? Wie entsteht diese geheimnisvolle Seuche des modernen Mannes, die in den letzten Jahren epidemische Ausmaße angenommen hat, wer ist der Leidtragende daran? Gibt es eine Heilung – und ist sie auch ohne Prothese möglich?

Wie an anderer Stelle aufgezeigt wurde (»Selbstverantwortung als Lebensprinzip«), hat der Mann sein Gefühlsleben so gut wie abgespalten, um sich auf Kosten der Frau versorgen und beleben zu lassen. Seine Distanz zum eigenen Gefühl spiegelt sich auch in der Partnerschaft. Der Kontakt zur Frau ist für ihn nur durch einen sorgsam gehüteten Abstand möglich. Jeder Mann hat hier seinen individuellen Weg gefunden, die Dynamik ist jedoch allen gemeinsam. Um seine wahren Gefühle zur Frau zu verbergen, muß er einen Großteil seiner Persönlichkeit abspalten. Über seine tatsächliche Gefühlslage weiß er so gut wie nie Bescheid. Frauen ist dieses Phänomen geläufig. In fast jeder Partnerschaftsberatung klagt die Frau darüber, vom Mann emotional hängengelassen zu werden. Wenn der Mann schon in den kleinen, harmlosen Situationen des Alltags nicht um seine Gefühle weiß, warum sollte er ausgerechnet auf dem viel heikleren Gebiet der Sexualität einen Zugang zu ihnen haben?

Was Männer wirklich in der Sexualität empfinden, ist so gut wie vollkommen unbekannt. Hier liegen noch heute die weißen Flecken auf der Landkarte der männlichen Seele. Männer teilen ihr sexuelles Erleben in die Kategorien »gut« – »sehr gut« – »schlecht« ein. Darüber hinaus ist jedes Gefühl tabuisiert. Die Entfernung zu sich selbst, die Fremdheit dem eigenen Gefühl gegenüber äußert sich in dem Erstaunen des Mannes über seinen Erektionsverlust, der ja auch eine Form des persönlichen sexuellen Ausdrucks ist. Die Weisheit des Penis drückt die Lustlosigkeit des Mannes aus.

Krafft-Ebing schrieb in seiner »Psychopathia sexualis«: »Die Dauer der Erektion ist abhängig von der Fortdauer erregender Ursachen ..., von dem Fernbleiben hemmender Vorgänge ...«[36] Moderne Autoren wie Goldberg schreiben dazu: »... daß der Mann, der sich selbst als impotent diagnostiziert, oft in der Beziehung zu seinem Partner eine Erfahrung macht, die sein Verlangen abtötet. Aber seine Gefühlsbotschaft wird nur durch seine körperliche Reaktion übermittelt und gelangt nicht in sein Bewußtsein.«[37]

Der Mann verliert also seine Lust. Was sind für ihn aber erregende Ursachen, woran macht er sie fest?

Was ist des Mannes Lust?

Die Antwort scheint von vornherein so klar zu sein, daß der Frage kaum jemals ernsthaft nachgegangen wird. Weibliche Attribute wie Augenaufschlag, sinnlicher Mund, Busen, Waden, Po und Knie seien die Schlüsselreize der männlichen Potenz. Die Frau macht dem Mann Lust – so prangt es auf jedem Titelblatt. Unsere Frage reduziert sich nur noch darauf, welches dieser Attribute dem Mann als erstes ins Auge fällt: »Sind Sie ein Busen- oder ein Beine-Typ?«

Nach allem, was wir bislang über die psychische Struktur des Mannes im Patriarchat wissen, müssen wir jedoch an dieser Antwort erhebliche Zweifel anmelden: Wenn dem Mann »selbst auf der Höhe der Gesittung ... nicht verübelt werden (kann), daß er im Weibe zunächst den Gegenstand für die Befriedigung seines Naturtriebes erkennt« (Richard von Krafft-Ebing)[38], spricht daraus eher ein technisch-sachlicher Umgang statt ein Quell der Lust und Lebensfreude. Ist es wirklich die Frau, die im Mann ein Gefühl der Lust erregt? Warum hat dann zum Beispiel Peter bei seiner Frau keine Erektion? Oder liegt es an der Gewöhnung, die angeblich die Liebe tötet? Nur, nach einer Auseinandersetzung mit ihr hat er plötzlich wieder Lust, und sogar über einen längeren Zeitraum. Wie Peter in unserem Beispiel schildert, hätte er bei anderen Frauen nicht dieses Problem. Bei der Selbstbefriedigung ist kein Mann impotent, hier treibt die Lust pralle Blüten. Die Phantasie des Mannes scheint ein Fluidum hervorzubringen, in dem Lust jederzeit möglich ist. Genau das zeigt die psychologische Analyse: Der Mann kann immer, wenn er will, das heißt, wenn er Lust hat. Lust und Potenz des Mannes unterstehen auch keiner Altersbeschränkung. Masters und Johnson konstatieren:

Die falsche Vorstellung, daß eine sekundäre Impotenz beim Altern des Mannes zu erwarten sei, ist möglicherweise tiefer in unserer Kultur verwurzelt als andere Mißverständnisse.[39]

Aber was macht denn nun dem Manne Lust, fragen wir allmählich neugierig. Der Mann ist durch seine Teilnahme am patriarchalen System in seiner gesamten Persönlichkeit geeicht auf das männliche Prinzip. In all seinen Motiven strebt er, sich mehr als Mann zu fühlen, sich auf der Männlichkeitsskala selbst zu erhöhen. Mann-Sein ist im patriarchalen System definiert als Herrscher-Sein über die Frau. Unter Liebe versteht der vermeintliche Herrscher der Welt »die Sehnsucht nach dem physischen und seelischen Besitz des Gegenstandes der Liebe« (Richard von Krafft-Ebing)[40]. Die Begriffe *Besitz* und *sexueller Genuß* spiegeln das herrschaftliche System wider. Derjenige ist der männlichste Mann, der am perfektesten und sichersten Macht ausübt. Auf diese Grundorientierung laufen, nach dem Prinzip der Finalität, alle Motive des seelischen Gefüges zu – auch in der Sexualität. Hier definiert sich der Mann selbst nur dann als »richtiger Mann«, wenn er gegenüber der Frau ein Gefühl der Überwertigkeit, des Überlegenseins und der Macht verspürt. Diese Macht kann offen oder sehr subtil versteckt sein – darauf kommt es aber gar nicht an.

Viel wesentlicher für unsere Frage ist die gefühlsmäßige Gleichung, nach der der Mann lebt:

Männliche Potenz = richtiger Mann = Macht über die Frau.

Die Potenz des Mannes und damit seine Lust sind abhängig

von dem Erlebnis des Machtgefühls über die Liebespartnerin. Ihren Widerstand zu überwinden, sie zu verführen und mit »sanfter Gewalt« zu bezwingen, das erfüllt den Mann mit Lust. Wenn die Eroberung gelingt, verliert er schnell das Interesse an der Frau, die Jagd nach neuer Bestätigung geht weiter. Diese Haltung ist ein Teil der grundsätzlichen Einstellung zum Leben. *Der Lebensstil, nicht sexuelle Triebhaftigkeit oder Quantität der Libido, bestimmt die individuelle Erlebnisfähigkeit.*

Das in der Kindheit antrainierte Gefühlsmodell und damit auch die ersten sexuellen Regungen werden in die Begriffe der Männerkultur eingepaßt; dabei bedeutet *Mann-Sein oben* und *Frau-Sein unten.* Die Beziehung zum anderen Geschlecht wird mit Sieg und Niederlage verbunden. Die erotische Beziehung ist eine geeignete Spielwiese des Überlegenheitsideals. Männliche Lust hat also mit Liebe nicht unbedingt etwas zu tun, ja, wenn die Macht gewährleistet ist und die Ausübung für den Mann in der Situation ein lohnendes, das heißt ihn erhöhendes Ziel ist, kann Lust auch ganz ohne Liebe auskommen. Die typisch männliche Gefühlsverzerrung weist auf eine tiefe Verbindung von Sexualität und Macht hin (S. Metz-Göckel, U. Müller)[41]. Auch in der Sexualität ist der Wahn der männlichen Überwertigkeit nachweisbar.

Wie steht es nun aber mit dem Erektionsverlust? Hat der Mann hier seine Macht etwa verloren? Der Mann verliert in der Erektionsstörung zwar nicht seine Erektion wie ein Geldstück, von dem er nicht mehr weiß, wo er es hingelegt hat, aber er büßt doch etwas für ihn ganz Wesentliches ein, das er mit seiner Potenz eng verknüpft: Er verliert an männlichem Prestige, er sinkt auf der Skala seiner Männlichkeit. Männliche Impotenz beeinträchtigt aber nicht nur den Mann, Sexualität ist eine Sache für zwei. Für ihn ist ganz klar, daß weibliche Frigidität gegen den Mann gerichtet ist, bei seiner erektiven Dysfunktion stellt er diesen Bezug nicht her.

Das hängende Zepter – eine Drohung?

Je nach den Wertmaßstäben und der Persönlichkeitsstruktur der Frau reagiert sie auf den Erektionsverlust unterschiedlich. Sehr häufig zweifelt die Frau daraufhin an ihrer eigenen sexuellen Attraktivität. Wie unter einem eigenen schuldhaften Versäumnis bemüht sie sich, ihm wieder zu seiner Männlichkeit zu verhelfen. Gelingt ihr das, hat sie damit auch für sich das Gefühl, eine attraktive Frau zu sein. Mann und Frau orientieren sich in ihrem Selbstwertgefühl, also beide am *Maßstab des Penis.* Nur wenn er Lust verspürt, fühlt sich die Frau begehrenswert. Nur wenn er das Erlebnis der Überwertigkeit haben kann, fühlt sich die Frau als Frau.

Der Erektionsverlust ist ein Zeichen dafür, daß sich das Kräfteverhältnis der Geschlechter verändert hat, die Gefühle des Mannes aber gleich geblieben sind.

Den Anspruch der Frau auf gelebte Gleichwertigkeit empfindet er lediglich als Einschränkung seiner Macht. Um seine gefährdete Überlegenheitsposition ins rechte Licht zu rücken, die ihm das patriarchale System als naturgegeben zusichert, verlagert er sein Machtstreben auf die körperliche Ebene, auf seinen Penis. Das Ausmaß der Erektion wird damit zu einem wichtigen Schlüssel, den der Mann in der Hand hält. Denn gelingt es ihm, mit seiner erektiven Dysfunktion die Frau in ihrem Selbstwert zu irritieren, hat er sich damit die Macht über die Frau gesichert. Von jetzt an bestimmt er, wie gehabt, über Glück und Unglück in der Liebe. Für ihn ist dies eine *geheime,* aber konsequente Auslegung des patriarchalen Prinzips, in dem der Mann auch dann noch bestimmt, wenn es eigentlich nichts mehr zu bestimmen gibt. Er gleicht damit einem Reiterstandbild, dem man Pferd und Sockel, aber nicht den würdigen Ausdruck genommen hat. Mit der Impotenz hört eben die Liebe auf.

So gesehen, sind auch die Klagen der Männer, ihre Angst vor dem Verlust der Manneskraft nur vordergründige Argumente. Der Mann beweint nicht den Verlust der Erektion, nicht seine sich zeigende Liebesunfähigkeit, sondern er beweint den Verlust an Selbstwertgefühl. Er kann es nicht ertragen, sich unwichtiger als die Frau zu fühlen, und beweist sich seine Macht dadurch, daß er die Frau unglücklich macht. Seine so schwer verständliche Drohung lautet: Du wirst schon sehen, was du davon hast.

Diese eigentlich klassische Figur: Der Mann droht – die Frau wird verunsichert, gerät nur dann ins Wanken, wenn Frauen stärker werden und unabhängig vom Mann und seiner Bestätigung Selbstbewußtsein entwickeln. Ob der Frau dies gelingt, hängt davon ab, ob sie die Gefühls- und Denkstrukturen des Mannes richtig erfaßt. Den anderen wirklich verstehen heißt: die wahren Motive des anderen zu erkennen, sich ihnen aber nicht ausgeliefert zu fühlen, sondern sich in jeder Situation auf einen eigenen Standpunkt beziehen zu können. Indem die Frau seinen Machtanspruch psychologisch versteht und nicht auf ihn eingeht, verfehlt die Drohung des Mannes ihre Wirkung. Denn männliche Drohgebärden sollen treffen. Verfehlen sie ihr Ziel, stellen sie sich als sinnlos und überflüssig heraus. Logisch denkende Männer werden dies sehr schnell begreifen, wenn ihre Drohung nur noch auf sie selbst zielt. Denn jetzt zahlen sie selbst den Preis für ihr Symptom, machen sich selbst unglücklich und nicht mehr die Frau. Und dazu haben Männer keine Lust.

An diesem Punkt zeigt sich die bittere Erkenntnis, daß männliche Lust statt auf Liebe und Beziehung auf Macht und Überwertigkeit gebaut ist. Wenn dem Manne seine Überlegenheit genommen wird, ist es für ihn nur eine logische Konsequenz, mit der Lust auch die Erektion zu verlieren.

Wir deuten den um sich greifenden Erektionsverlust als letztes Machtmittel des modernen Mannes, als Attitüde des modernen Machos. Er ist geboren aus der Schwäche des Mannes angesichts der erstarkenden Frau. Interessant ist dabei, daß sich der Mann in seiner letzten Bastion auf Positionen zurückzieht und Taktiken gebraucht, die bislang dem unterdrückten Geschlecht, der Frau, vorbehalten waren: Lustlosigkeit und sexuelle Verweigerung.

Gerade die Sexualität galt doch über Jahrhunderte als unangefochtene Domäne der Männer. Durch das hängende Zepter der männlichen Macht spricht der Mann also eine Drohung aus. Er stellt die Frau auf die Probe ihres Selbstwertgefühls und zielt damit wohlwissend auf den empfindlichsten Punkt des Gefüges. Läßt sie sich darauf ein, ist das Wagnis ihrer Veränderung gescheitert. In seinem Kampf um die Macht erweist sich der Mann als Gefangener seines eigenen patriarchalischen Prinzips; denn auch er leidet, oft zwar uneingestanden, aber tief – wenn auch nur über den Verlust seines Prestiges.

Wenn Männer lieben …

Ein Mann, der sagt: »Ich liebe dich«, meint: »Ich brauche dich für mein männliches Prestige, als Bereicherung für mich.«

Eine Frau, die sagt: »Ich liebe dich«, meint: »Ich vertraue dir, ich gebe dir alles, was ich habe.«

Die Verleugnung dieser Wirklichkeit führt zu Enttäuschungen in der Liebe, in der der Einsatz der Frauen immer höher wird, während der Mann sich zusehends unverstanden fühlt; in ihren emotionalen Zielrichtungen trennen Mann und Frau heute Welten.

Während Frauen heute bereit sind, in der Liebe sich selbst zu geben, ihr Einsatz total ist, bleibt der Mann auch in der Liebe am Erfolg orientiert. Während die Frau ständig zweifelt: »Gebe ich auch genug?«, argwöhnt der Mann: »Bekomme ich auch genug?«

Männliche Logik nutzt den Zweifel der Frau an sich selbst und formuliert den eigenen Argwohn um in neue Klagen: »Die Frauen werden zu stark, zu lustvoll.« Das Motiv ist die Angst, zu kurz zu kommen, ihre Verteidigung ist die Verweigerung.

Damit zielt er – der moderne Macho – jetzt aus der Position schwindender Überlegenheit wiederum auf die empfindlichste Stelle der Frau, nämlich ihre Zweifel, keine richtige Frau zu sein. Auch im Zeitalter der Emanzipation hat sich das männliche Prinzip bewahrt und bewährt. Das alte Ziel, die Überlegenheit über die Frau, wird verschleiert um so nachdrücklicher und unnachgiebiger verfolgt: Seine ausdrücklichen Willens- und Absichtserklärungen, immer das Beste zu wollen, klingen mit einem bedauernden »Leider kann ich nicht« aus. Frauen verzagen angesichts dieser Potenz der Schwäche, und wie im 19. Jahrhundert siegen Mütterlichkeit und Pflegebereitschaft. So kennzeichnet den sensiblen Mann unserer Tage das freimütige Eingeständnis seiner Liebesunfähigkeit: »Ich kann mich nicht einlassen, ich bin bindungsunfähig.«

Die neuen starken – halbemanzipierten – Frauen verstehen dies als eine Herausforderung. Mit ihrer neuen Moral: »Ich werde es schon schaffen« beginnt das alte Liebesspiel. Die

Frau ist bemüht, der Mann zieht sich im Bewußtsein ehrlichen Bekennertums beruhigt zurück. Sein Beitrag zur Liebe ist die neue Ehrlichkeit, sein alter Appell an die Frau: »Sei nachsichtig, hab nur Geduld.« Und Frauen haben Geduld. Sie warten, sie hoffen … und der moderne Macho erreicht sein Ziel. Er diktiert die Regeln der Liebe, seine Sensibilität und Unfähigkeit bestimmen den Grad von Nähe und Ferne. Die Pflicht, sein empfindliches seelisches Gleichgewicht nicht zu stören, bestimmt das Lebensgefühl der Frau. Wahre Emanzipation würde ihr den Abschied von dieser Pflicht abverlangen. Ihre Antwort auf sein »Ich kann nicht« müßte sein: »Das ist gut, daß du mir das gleich sagst – dann lohnt es sich nicht für mich.« Und es lohnt sich wirklich nicht … Denn solange das seelische Orientierungsorgan des Mannes auf Überlegenheit programmiert ist, sein Ziel die Macht bleibt, bedeutet jeder Versuch einer Liebesbeziehung mit ihm verlorene Liebesmüh'. Für Männer und Frauen gilt es zu erkennen, daß der moderne Macho mit einem ernüchternd einfachen Spielzug die gegebenen Verhältnisse zu zementieren sucht. Nur wenn Frauen sich und ihm diese angemaßte Schwäche durch ein »Du willst nicht« übersetzen, dann – und nur dann – fällt die männliche Konstruktion konstruktiv zusammen, können Mann und Frau gleichwertige Partner werden. Ich wage die These: *Männer können lieben – sie wollen nur nicht.*

Und bisher mußten sie diese Fähigkeit noch nicht wirklich beweisen. Frauen haben die Liebesarbeit übernommen, sie haben den Mann geschont, sie haben die Brücken gebaut. In der Rückschau erweisen sich die Brücken jedoch als Krücken, mit denen der Mann sich sein Leben einrichten, seine Macht und sein Prestige pflegen konnte. Die Hilfe der Frauen ist, so gesehen, unterlassene Hilfeleistung. Denn jede Unterstützung des Mannes in seinem Überlegenheitsdünkel schwächt ihn, hält ihn fest in seiner Selbstbezogenheit. Nur indem die Frau dem Mann die Realität zumutet, ihm den Spiegel vorhält, statt bloßer Spiegel zu sein, nimmt sie ihn als gleichwertigen Partner ernst. Damit beläßt sie ihn nicht in seiner Liebesunwilligkeit, sondern fordert von ihm, was doch notwendig ist. Denn Lieblosigkeit ist der höchste Preis, den Menschen zahlen können, weil sie sie in die Sinnlosigkeit und Leere führt.

Was Männern bis heute fehlt, ist die Zumutung der Frauen, der Anspruch, der ihre Fähigkeit zu lieben entwickelt. Als verwöhnten Zöglingen fehlt den Männern das Motiv, sich der realen Frau zu stellen. Sie haben bereits die Mutterliebe als eine bedingungslose genommen, sie sind gewohnt, Liebe von Frauen zu bekommen, und kennen sie bisher nur als fremdes, angetragenes, für sich zu nutzendes Gefühl – nicht als eigene Empfindung. Deshalb bleiben sie stecken in ihrer Nabelschau des Haben- und Mehr-haben-Wollens, die sich in jeder ihrer Lebensäußerungen ausdrückt.

Nur Frauen mit bereits geschärftem Wahrnehmungsvermögen für die männliche Überlegenheitspos(s)e hören heute das Geräusch der Rassel, mit denen Männer zwar noch laut lärmen – aber nicht mehr überzeugen. Frauen können sich nicht länger etwas vormachen: Männer – besonders die Machtbesessenen – haben ihre Attraktivität verloren, auch und besonders im Bett. Nichts ist langweiliger als ein Mann, der jede Gelegenheit nutzt, ausführlich und weitschweifig von sich und seinen kleinen und großen Großartigkeiten zu erzählen. Man hört es immer schon an der leicht selbstgefälligen Tonart, in der das Gespräch beginnt. Jede Frau kennt das unbehagliche Gefühl »Also, es soll mal wieder um ihn gehen«, das sie sich enttäuscht zurücknehmen läßt – oder sie zu ungeheurer Anstrengung verleitet. Aber es ist unwürdig für eine Frau, sich auf ein Gespräch einzulassen, in dem sie lediglich als gute Zuhörerin dient. Es ist die falsche Vorsicht und Rücksicht der Frau, die die Dinge so beläßt, wie sie sind. Denn was haben Frauen in Sachen Liebe zu verlieren? Dagegen haben sie alles zu gewinnen, wenn sie bereit sind, ihre Träume zu riskieren.

Die Ersatzdroge Macht vermag den Mann nur so lange in ihren Bann zu ziehen, bis er eine neue Gewinn- und Verlustrechnung aufzumachen gezwungen ist: *Macht ohne Frauen – Liebe ohne Macht.* Ökonomisch und erfolgsorientiert, wie Männer zu denken und fühlen gelernt haben, werden sie erfassen, daß Macht ohne Frauen sinnlos ist, Liebe ohne Macht dagegen alles verspricht. Denn der Mann in seinem Männlichkeitswahn lebt und liebt gegen seine Natur. Es ist dies die tiefste Verleugnung seines menschlichen Wesens. Männer verlieren sich, ihre Mitmenschlichkeit, indem sie sich an ihren Verstand verlieren und auf die Macht setzen. Sie verleugnen sich in ihrer Eigenschaft als Gefühlswesen und liefern sich selbst einem blinden Aktivismus aus, der doch letztlich nicht wirklich zu befriedigen vermag. Macht als Ersatzdroge kann immer nur flache Befriedigung und flüchtige Glücksmomente schaffen, niemals aber Erfüllung. Erst der Mangel wird Männer davon überzeugen, wie dringend sie die Beziehung zur Frau brauchen, wie wichtig die Liebe ist.

Nach der Lektüre des Manuskriptes haben Frauen mich immer wieder gefragt: »Woher nehmen Sie nur Ihren Optimismus?«

Ich weiß nicht, ob ich optimistisch bin, aber ich habe Hoffnung, Hoffnung auf die unbegrenzte Lernfähigkeit des Menschen, die ich in Konflikten und Gesprächen gemeinsam mit Männern und Frauen erfahren habe. Die Vernunft wird Frauen die patriarchale Wirklichkeit des Mannes begreifen und erfühlen lassen, sie befreien von ihren Selbstzweifeln, sie erlösen aus ihrem sinnlosen Traum, der ihnen vom liebenden Mann erzählt. Sie werden erwachen, sich der Realität des liebesunwilligen Mannes gegenübersehen und ihre eigene Stärke erkennen. Sie werden sich dem Mann dann so zumuten, wie sie sind, und so sind sie liebenswert.

Männer leben bis heute in dem Wahn – den sie sicherheitshalber nie unter Beweis stellen –, lieben zu können, gute Liebhaber zu sein, und verfehlen das *Können.*

Die Vernunft wird Männer begreifen und erfühlen lassen, daß ihr falscher Egoismus sie auf den Pfad einer Menschenverachtung geführt hat, die sie zum Schluß selbst einbezieht und die Liebe ausschließt. Das Ergebnis haben wir alle vorliegen: *den Ausverkauf der Männlichkeit* – als Zeichen für das schwindende Selbstwertgefühl der Männer. Der gesunde Egoismus der Männer wird sich durchsetzen müssen, wenn sie erkennen, daß Selbstwertgefühl und wirkliche Männlichkeit ohne Liebe nicht zu haben sind.

Sich diesem Wissen nicht zu verschließen, das öffnet dem Mann die Chance, sich nicht nur lieben zu lassen, sondern sich selbst als Liebender zu erleben. Und das ist eine andere Welt.

Anmerkungen

1 Vgl. Walter Hollstein, 1988, S. 29.
2 Fjodor M. Dostojewski, 1988, S. 331.
3 Steven Marcus, 1979, S. 48, Übersetzung aus: William Acton, 1857.
4 Erich Fromm, 1969, S. 43/44.
5 Alfred Adler, 1984, S. 50/51.
6 W. H. Riehl, 1851, S. 2.
7 C. E. F. Lombroso, 1893, S. 123.
8 Richard von Krafft-Ebing, 1984, S. 23.
9 H. Klencke, 1972, S. 182.
10 Vgl. Paul J. Moebius, Ueber den physiologischen Schwachsinn des Weibes, 1905.
11 Bürger Laffecteur, 1801, S. 116.
12 L. Berna-Simons, 1979, S. 81.
13 H. Klencke, S. 11/12.
14 Paul J. Moebius, 1894, S. 46.
15 Emma Goldmann, 1987, S. 1.
16 Vgl. Irmgard Hülsemann, 1988, S. 85ff.
17 Helge Pross, 1984, S. 168ff.
18 Ebenda, S. 168ff.
19 Hilde Kronberg, 1979, S. 26.
20 Ebenda, S. 48.
21 Heinz L. Ansbacher, 1989, S. 39.
22 Jean-Paul Sartre, 1981, S. 16.
23 Ebenda, S. 13.
24 Nicolai Hartmann, 1949, S. 726.
25 Ebenda, S. 73f.
26 Ebenda, S. 732.
27 Alfred Adler, 1982, Band II, S. 37.
28 Samuel Beckett, 1976, Band X, S. 33.
29 Vgl. Alfred Adler, 1982, Band I, S. 61.
30 Stan Gébler Davies, 1987.
31 Martin Heidegger, 1979[15], S. 42.
32 Friedrich Nietzsche, 1988, S. 285.
33 Stern Nr. 28, 1988.
34 Wilhelm Reich, 1969, S. 100.
35 Alfred Adler, 1981, S. 167/168.
36 Richard von Krafft-Ebing, S. 25.
37 Herb Goldberg, 1979, S. 27.
38 Richard von Krafft-Ebing, S. 15.

39 William H. Masters/Virginia E. Johnson, 1970, S. 183.
40 Richard von Krafft-Ebing, S. 18.
41 S. Metz-Göckel/U. Müller, 1986, S. 150.

Literatur

Acton, William: The Functions and Disorders of the Reproductive Organs, 1857; zitiert nach: Marcus, Steven, Umkehrung der Moral. Sexualität und Pornographie im viktorianischen England, Frankfurt/Main 1979

Adler, Alfred: Wozu leben wir?, New York 1931, Reinbek 1979

Adler, Alfred: Menschenkenntnis, Frankfurt/Main 1966

Adler, Alfred, Heilen und Bilden, Frankfurt/Main 1973

Adler, Alfred: Praxis und Theorie der Individualpsychologie, Frankfurt/Main 1974

Adler, Alfred: Das Problem der Homosexualität, Frankfurt/Main 1977

Adler, Alfred: Neurosen. Zur Diagnose und Behandlung, Frankfurt/Main 1981

Adler, Alfred: Psychotherapie und Erziehung I–III, Frankfurt/Main 1982

Adler, Alfred: Der Sinn des Lebens, Frankfurt/Main 1984

Ansbacher, Heinz L./Rowena, R.: Alfred Adlers Individualpsychologie, München 1982

Ansbacher, Heinz L.: Alfred Adlers Sexualtheorien, Frankfurt/Main 1989

Baker Miller, Jean: Die Stärke weiblicher Schwäche, Frankfurt/Main 1987

Beckett, Samuel: Werkausgabe, Frankfurt/Main 1976

Berna-Simons, L.: Weibliche Identität und Sexualität. Das Bild der Weiblichkeit im 19. Jahrhundert, Frankfurt/Main 1979

Busch, D. W. H., Dr.: Das Geschlechtsleben des Weibes in physiologischer, pathologischer und therapeutischer Hinsicht, Leipzig 1839–43

Carpenter, E.: Wenn die Menschen reif zur Liebe werden, Stuttgart o.J.

Fromm, Erich: Sigmund Freuds Sendung, Weltperspektiven Band IX, Frankfurt/Main – Berlin 1969

Dostojewski, Fjodor M.: Die Brüder Karamasow, München 1988

Gébler Davies, Stan: James Joyce, München 1987

Goldberg, Herb: Der verunsicherte Mann, Reinbek 1979

Goldmann, Emma: Das Tragische an der Emanzipation der Frau, Berlin 1987

Hartmann, Nicolai: Ethik, Berlin (1949) 1962[4]

Heidegger, Martin: Sein und Zeit, Tübingen 1979[15]

Hollstein, Walter: Nicht Herrscher, aber kräftig, Hamburg 1988

Hülsemann, Irmgard: Ihm zuliebe?, Stuttgart 1988

Klencke, H., Dr. med.: Das Weib als Gattin. Lehrbuch über die physischen, seelischen und sittlichen Pflichten, Rechte und Gesundheitsregeln der deutschen Frau im Eheleben, Leipzig 1872

Krafft-Ebing, Richard v.: Neue Forschungen auf dem Gebiet der Psychopathia Sexualis, Wien 1891, München 1984

Kronberg, Hilde: Frigidität und weibliche Sozialisation, München 1979

Laffecteur, Bürger: Über die psychische und moralische Krankheit des weiblichen Geschlechts, Leipzig 1801[2]
Lombroso, C.: La donna delinquenta, la prostituta et la donna normale. Medizinisches Fachbuch, Turin – Rom 1893
Masters, William H./Johnson, Virginia E.: Die sexuelle Reaktion, Reinbek 1970
Metz-Göckel, S./Müller, U.: Der Mann, Weinheim – Basel 1986
Moebius, Paul J.: »Über den Begriff der Hysterie und andere Vorwürfe vorwiegend psychologischer Art«, in: Neurologische Beiträge, Heft 1, Leipzig 1894
Moebius, Paul J.: Ueber den physiologischen Schwachsinn des Weibes, 1905
Morgenstern, Christian: Gesammelte Werke, München 1984
Nietzsche, Friedrich: Wie man wird, was man ist, Frankfurt/Main 1988
Pross, Helge: Die Männer, Reinbek 1984
Psychologische Menschenkenntnis, Heft 5, Mai 1973
Psychologische Menschenkenntnis, Heft 5, Mai 1984
Raffay, Anita v.: Abschied vom Helden, Freiburg i. Br. 1989
Rattner, J.: Psychotherapie und Mitmenschlichkeit, Hamburg 1972
Reich, Wilhelm: Die Entdeckung des Orgons – Die Funktion des Orgasmus, Köln 1969
Riehl, W. H.: Die bürgerliche Gesellschaft, Stuttgart –Tübingen 1851
Sartre, Jean-Paul: »Ist der Existentialismus ein Humanismus?", in: Drei Essays, Berlin, 1981
STERN-Artikel »Junges Blut – Alte Gier", Sommer 1988, Nr. 28

Die nicht gekennzeichneten Zitate im Kapitel »Einschlafen statt beischlafen" sind folgenden Gruppenprotokollen des Hamburger Arbeitskreises entnommen:

- Protokoll vom 4. 4. 1986 »Sexualität«
- Protokoll vom 11. 4. 1986 »Sexualität und Gemeinschaft«
- Protokoll vom 18. 4. 1986 »Sexualität, Charakter und Phantasie«
- Protokoll vom 3. 10. 1986 »Ablehnung der Mutter«

Zur Autorin:

Sigrid Steinbrecher lebt als Therapeutin mit eigener Praxis in Hamburg. Studium der Psychologie in Berlin, Zürich und Hamburg. Ausbildung zur Psychotherapeutin in Zürich. 1986 gründete sie den Arbeitskreis für Angewandte Individualpsychologie.